W0304251

ms

Franz Siedersleben.

Franz Siedersleben

Mein Lebenslauf

Mit einem Nachtrag
und Anmerkungen
von Karl Frey

Herausgegeben von
Wolfram Setz

Männerschwarm Verlag

Bibliothek rosa Winkel
Band 81

Die Originalausgabe erschien 1908
im Verlag Carl Koppe, Leipzig

Umschlagmotiv und Frontispiz:
Porträt Franz Siedersleben,
zur Verfügung gestellt
von der Princeton University Library

Umschlaggestaltung:
Carsten Kudlik, Bremen

Gedruckt mit Unterstützung des
Karl-Heinrich-Ulrichs-Fonds
der Hannchen-Mehrzweck-Stiftung
(www.hms-stiftung.de)

© 2023 Männerschwarm Verlag
Salzgeber Buchverlage GmbH, Berlin
Herstellung: CPI Clausen & Bosse, Leck
Printed in Germany
ISSN 0940–6247
ISBN 978-3-86300-081-3

Inhalt

FRANZ SIEDERSLEBEN
Mein Lebenslauf
Mit einem Nachtrag
und Anmerkungen von
KARL FREY

KARL FREY
Vorwort
[zur Ausgabe 1908]
9

Lebensgeschichte
des urnischen Arbeiters
FRANZ SIEDERSLEBEN
Erster Teil:
Von ihm selbst erzählt
12

Zweiter Teil:
Nachgetragen von KARL FREY
71

Anmerkungen
[von KARL FREY]
80

Textanhang

FRANZ SIEDERSLEBEN

Gewalt geht vor Recht
oder: Der Fahne treu

Lebensbild in 1 Akt
für die Bühne bearbeitet
von PAUL G. SCHANZER
97

FRANZ SIEDERSLEBEN

Der Proletarier-Kinder
Weihnachtstraum
119

FRANZ SIEDERSLEBEN

Vorwort zu:
Liederbuch ›Der freie Turner‹
135

WOLFRAM SETZ

Nachwort
143

Mein Lebenslauf.

Von

Franz Siedersleben.

Mit einem Nachtrag und Anmerkungen
von Karl Frey.

Preis 50 Pfennige.

Leipzig 1908
Druck und Verlag: Carl Koppe, Albertstraße 13.

Vorwort
[zur Ausgabe 1908]

Im *Jahrbuch für sexuelle Zwischenstufen*, mit besonderer Berücksichtigung der *Homosexualität*, V. Jahrgang 1903, Band I, herausgegeben im Namen des wissenschaftlich-humanitären Komitees von Dr. med. *Magnus Hirschfeld*, prakt. Arzt in Charlottenburg, hat der homosexuell veranlagte Arbeiter Franz Siedersleben* seine eigene Lebensgeschichte mit bewunderungswertem Mut und mit einer Offenheit selbst erzählt, wie wohl kein zweiter gleich veranlagter Mensch.

Franz Siedersleben hat, bis zu seinem freiwillig gesuchten Tod 1908, auf dem politischen und wirtschaftlichen Gebiet für die Allgemeinheit in uneigennützigster Weise gekämpft und auf dem gesellschaftlichen Gebiet durch sein Talent Tausende unterhalten und fröhliche Stunden verschafft. Die große Anzahl Bekannter von Franz Siedersleben hatte keine Ahnung von dem nagenden Wurm, von dem unerbittlichen Verfolger, der das Leben des Mannes auf Schritt und Tritt vergiftete und ihm das Leben zur Qual machte. Franz Siedersleben war vielen ein psychologisches Rätsel; im Kampf für die Interessen der Allgemeinheit unermüdlich eifrig, in Gesellschaft humoristisch unverwüstlich und doch voll idealer Gedanken, in der Einsamkeit brütete er jedoch finster vor sich hin.

* Karl Frey verwendet durchweg die verkürzte Namensform »Franz S.« [W. S.]

Den Schlüssel zur Lösung des Rätsels gibt die vorliegende Schrift. Nicht Sensationslust, nicht Eigennutz liegt der Herausgabe der Lebensgeschichte Franz Siederslebens zugrunde; es war der eigene Wunsch des Verstorbenen, in die Öffentlichkeit zu treten und zu sagen, *was ist.* Leider haben die Dolchstöße wirtschaftlicher Not, das Vorurteil der Menschen gegen das Empfinden geschlechtlich abnorm veranlagter Menschen Franz Siedersleben ins Herz getroffen, so daß er den öfters gefaßten Entschluß, vor die Öffentlichkeit zu treten und das Recht, zu leben und zu lieben nach den eigenen Empfindungen, zu erkämpfen, aufgab, und ihm nur noch der Mut verblieb, seinem traurigen Dasein durch eine Kugel ein Ende zu bereiten.

Die Herausgabe der Schrift ermöglichte das Entgegenkommen des Herausgebers und des Verlegers der Jahrbücher für sexuelle Zwischenstufen, welche den Abdruck der von Franz Siedersleben selbst verfaßten Lebensgeschichte gestatteten. Ferner ist es dem Herausgeber der vorliegenden Schrift infolge des Einblickes in das Leben Franz Siederslebens seit 1903 möglich, durch den II. Teil der Schrift die Lebens- und Leidensgeschichte des Mannes zu vervollständigen. Wenn auch der Wunsch besteht, durch den Erlös der Schrift der in den dürftigsten Verhältnissen lebenden Familie des verstorbenen Franz Siedersleben Unterstützung zukommen zu lassen, so ist der eigentliche Grund zur Herausgabe doch darin zu erblicken, daß Aufklärung in geschlechtlichen Dingen äußerst not tut. Nicht Verachtung, Strafen und Kerker können geeignete

Mittel sein, um Verfehlungen in geschlechtlichen Dingen zu sühnen und aus der Welt zu schaffen; *Aufklärung, Klarheit*, *Wahrheit* und *Gerechtigkeit*, verbunden mit geeigneten sozialen Einrichtungen, Werkstätten der Menschenliebe, sowie *Selbsterkenntnis* und *Selbsterziehung*, sind die einzig wirksamen Mittel zur Hebung wahrer Sittlichkeit. Möge diese Schrift einen bescheidenen Teil zur Aufklärung beitragen und allen Freunden des verstorbenen Franz Siedersleben willkommen sein.

Leipzig, im November 1908

Der Herausgeber
[Karl Frey]

Lebensgeschichte des urnischen Arbeiters Franz Siedersleben

Erster Teil

Von ihm selbst erzählt

Als Kind armer Eltern – mein Vater war Schreiner – kann ich im allgemeinen auf meine Jugendzeit eigentlich nicht als auf eine goldene Zeit zurückblicken, zumal da meine Mutter frühe starb und wir zwei Brüder, die wir von fünf Geschwistern zurückgeblieben waren, bald eine Stiefmutter bekamen. Unsere Stiefmutter, die noch heute lebt und unseren Vater in der Folge noch mit zwei Söhnen beschenkte, war eine äußerst rechtschaffene Frau und uns eine liebevolle Pflegerin, die uns gewiß in jeder Beziehung die rechte Mutter zu ersetzen bemüht war. Allein die dürftigen Verhältnisse unserer Familie brachten es mit sich, daß wir schon als Jungen zum Lebensunterhalt mit beitragen mußten. Der rücksichtslose Kampf ums Dasein warf schon frühe seine grauen Schatten in den Sonnenschein unserer Jugend. Die Stunden, wo ich frei mich meinen Altersgenossen zugesellen durfte, waren mir bedeutend knapper zugemessen als allen anderen Kindern. Um so eifriger und in steter Angst, daß der Ruf meiner gestrengen Mutter mich, ach nur zu frühe, wieder abrufen würde, gab ich mich den Kinderspielen mit meinen – Kameradinnen hin. Freilich, Kameradinnen, denn Mädchen waren damals meine liebsten und fast ausschließlichen Spielgefährten. Ich fand bei ihnen stets willige Annahme und war ihnen offenbar ein angenehmer Spielgenosse. Abhold jenen lärmenden, wilden Knabenspielen zog ich es vor, in Gemeinschaft mit gleichaltrigen Mädchen der Nachbarschaft mich an Puppenwagen, Puppenstuben, Kochherd usw. zu ergötzen. Dort war ich in meinem Element. Keine meiner Gespielinnen konnte die kleinen Möbel und Sächelchen des Puppenheims so schön zurechtstellen, die kleinen Betten und Deckchen so glatt falten, keine konnte so schöne Schokoladen- und Milchsuppen zurechtpanschen, so delikate Mohrrüben mit Zucker einmachen, als ich. Deshalb mußte ich auch meistens bei den Spielen die Mutter markieren, obwohl mitunter von einer neidischen Kleinen Einspruch dagegen erhoben wurde, wobei man lakonisch auf meine Hosen als unzweifelhafte Qualifikation zur »Vaterschaft« hinwies. Zuweilen mischte sich auch die Mutter derjenigen, in deren Behausung wir spielten, dazwischen, um uns auf diese Umkehrung der Begriffe aufmerksam zu machen. Die Majorität der kleinen Schar entschied meistens, nach einigen Wenn und Aber, doch für meine »Mutterschaft«. Und zwar vornehmlich im Hinblick auf die Schokoladensuppe und die eingemachten Rüben. Und um auch etwaigen Nörgeleien wegen der »Hose« zu begegnen, wurde oft ein altes Umschlagtuch nebst dem Häubchen der Mutter herbeigeschafft. Angetan damit war ich glücklich, meine Rolle bis zu Ende des Spiels durchführen zu können. –

Welch rosiger Hauch holder Unschuld lag über diesen

naiven Jugendspielen ausgebreitet! Und doch – wenn der Forscher den Schleier jugendlicher Naivität durchdrang, bot sich ihm nicht schon in dem Verhalten des Kindes manch deutliches Merkmal psychologischer Abnormität? – Weiter aber: Je älter ich wurde, um so deutlicher entwickelten sich meine Neigungen zu allen möglichen weiblichen Beschäftigungen. Meine Stiefmutter bemerkte sehr bald, mit welchem Geschick ich stets die kleinen Hilfeleistungen ausführte, welche sich auf den Haushalt bezogen.

Bald wurde ich von ihr mit Vorliebe zu solchen Arbeiten herangezogen. Und ich erinnere mich lebhaft jener freudigen Genugtuung, die ich empfand, als anläßlich der Geburt meines jüngsten Bruders – ich hatte eben mein zehntes Lebensjahr überschritten – schon ein großer Teil der häuslichen Verrichtungen mir übertragen wurde. Körperlich entwickelte ich mich recht langsam, dafür wurde mir aber öfters eine gewisse, nach innen gekehrte geistige Regsamkeit nachgesagt. Mit dem elften Jahr hörten die Spielereien mit den Mädchen nach und nach auf. Die Personen der kleinen Mädchen hatten ja bei den vorbenannten Spielen wenig oder keine Anziehungskraft ausgeübt. Es war nur immer die Art des Spieles, die mich festhielt. Eine auffallende, offen und naiv ausgedrückte Vorliebe für schöne Formen und Linien wurde schon frühe bei mir von meiner erwachsenen Umgebung bemerkt und als eine besonderes Kuriosum an mir belächelt. Gelegentlich eines Wohnungswechsels meiner Eltern wurde mein Geschick allgemein bewundert, mit dem ich in der neuen

Wohnung Bilder, Spiegel und sonstige Sächelchen an den Wänden geschmackvoll zu arrangieren wußte. Vom elften Jahre an gab ich mich nun mehr und mehr mit Knaben meines Alters ab, doch war die Art des Verkehrs wiederum sehr bald Gegenstand vieler Bemerkungen, namentlich der Mütter, die ja überhaupt mehr Gelegenheit nehmen, das Tun und Treiben als das ganze Wesen ihrer Kinder zu beobachten. Man fand meine Art, mit den Freunden sich abzugeben, komisch, so »eigentümlich«, »so anders«, gar nicht jungenhaft. Wenn ich mit Knaben spielte, so kamen die sonst üblichen Katzbalgereien, Gezänke und Feindseligkeiten, die ja sonst unter Jungen gang und gäbe sind, gar nicht vor. Ich wußte immer alles gleich wieder zu arrangieren und zu versöhnen, so daß jeder zu seinem Rechte kam. Nahm auch wohl oft den Rest auf meine Kappe, damit sie nur alle »wieder gut« wurden, paukte mich mit den einzelnen nie, gab immer, oft mit tränenden Augen, nach und war froh, wenn sie mich nur leiden mochten, wenn ich ihnen nur immer gut sein durfte. Deutlich erinnere ich mich noch, wie mich oft meine Mutter schalt wegen meines duckmäuserischen, mädchenhaften Benehmens und mir einschärfte, daß ich mich, wenn ich im Rechte sei, zu wehren hätte und mir nicht »alles gefallen lassen dürfte«! Gewöhnlich ohne Erfolg. Soldaten-, Krieg- und Räuberspiele, die bei allen Jungen doch die begehrtesten Spiele sind, mir waren sie ein wahrer Horror. Ich erinnere mich, nur ein einziges Mal das Spiel »Indianer und Pflanzer« mitgemacht zu haben, aber bloß unter der Bedingung, daß mir dabei die

Anfertigung der phantastischen Lendengürtel und Kopfputze übertragen wurde, bei welcher Beschäftigung ich dann eine geradezu abenteuerliche Phantasie entwickelte. An den Spielen selbst hatte ich nur insofern ein Interesse, als ich dabei mit kritischem Blick die äußeren Erscheinungen der verschiedenen Knaben in Vergleich bringen konnte. Gewöhnlich lief ich neben und hinter den einherstürmenden Knaben und weidete meine Augen an dem schlanken Oberkörper, den üppigen Lenden, den glühenden Wangen und den funkelnden Augen desjenigen, der meinen Schönheitsbegriffen besonders entsprach. Schöne, lebhafte, sprechende Augen liebte ich schwärmerisch, und wenn ihr Besitzer gar womöglich noch leichtgelocktes Haar hatte, dann wars immer um meine Ruhe geschehen. So einer durfte unbeschränkt über mich verfügen. Ich suchte auf alle mögliche Art seine Gunst zu erwerben, war glücklich, wenn ich in seiner Nähe weilen oder gar seine Hände fassen durfte. Ein solcher Knabe, Willy M...., zwei Monate jünger als ich, doch bedeutend kräftiger entwickelt, war es dann auch, für den mich bald eine heftige und tiefe Zuneigung ergriff. Er war es, für den ich meine ersten »Liebesschmerzen« erduldete. Jenes oben genannte Spiel, »Indianer und Pflanzer«, hatte uns näher zusammengeführt. Ich hatte bei dem Spiel die mehr passive Rolle unter den indianischen Kriegern übernommen. Ich mußte die gemachten Gefangenen bewachen. Willy geriet ebenfalls, nach heldenmütiger Gegenwehr gegen die Übermacht der Wilden, in ihre Gefangenschaft und wurde mir im Triumph zugeführt, damit ich ihn bewache, bis die eventuellen Sieger in den »Wigwam« zurückkehrten, um ihn dem qualvollen Tode am Marterpfahl zu überantworten. Schweigend nahm ich ihn in Empfang und schweigend betrachteten wir uns eine Weile gegenseitig. Er nahm seine Rolle sehr ernsthaft und betrachtete mich mit ungeheurer Verachtung. Ich nahm meine Rolle weniger gewissenhaft, sondern musterte seine äußere Erscheinung mit heimlicher Bewunderung.

So wie wir uns später oft einiger an sich unbedeutender Episoden unserer Jugend lebhaft bis ins hohe Alter hinein erinnern, mit derselben Lebendigkeit, als sei es gestern geschehen, erinnere ich mich noch heute jener unsagbar wonnigen, süßen Freude, die ich damals empfand, als dieser Knabe, gefesselt, in seiner stolzen Hilflosigkeit vor mir stand. Im stillen dankte ich es meinem gescheiten Einfall, daß ich mich hatte zum Wächter der Gefangenen benutzen lassen. War ich doch nun in die glückliche Situation gekommen, meinen geliebten Freund vollständig in meiner Gewalt zu sehen. Mein erster Gedanke, nachdem wir allein gelassen, war, ihn in seiner Hilflosigkeit in meine Arme zu schließen, um ihn nach Herzenslust abzuküssen und an mich zu drücken. Was wollte er machen; er war gebunden, konnte sich nicht wehren und mußte sich meine Liebkosungen gefallen lassen. Allein die Furcht vor seiner wirklichen Verachtung hielt mich davon ab. Wonnetrunken saß ich eine Weile neben ihm und bewunderte verstohlen den schlanken Körper, den schönen Kopf meines Gefangenen. Willy war in der Tat eine außerordentlich schöne Jugenderscheinung.

Tannenschlank gewachsen, waren Kopf und Gliedmaßen geradezu klassisch zu nennen im Ebenmaß ihrer Formen. Den schönen Kopf schmückte eine Fülle seidenweichen, blonden Haars, das in leichten natürlichen Kräuseln die blendend weiße Stirn umrahmte und ein paar große, wunderbar sprechende Augen, stahlgrau und von langen dunklen Wimperhaaren beschattet, strahlten aus diesem schönen Gesicht mir entgegen. An ihnen konnte ich mich nie satt sehen. Möglich, daß sich die Erscheinung Willys in meiner jungen Seele in übertriebenen Reflexen widerspiegelte. Ich weiß mich aber noch genau zu entsinnen, wie ich damals nicht begreifen konnte und wie ich eigentlich jedem Menschen böse war, der ihn sah und nicht dabei ausrief: »Wie unendlich schön ist dieser Knabe!« Ich muß betonen, daß ich niemals dabei in meiner ganzen Knabenzeit sexuelle Regungen empfand, das geschah erst in und nach der Entwicklung meiner Pubertät.

Das Ende jenes Spiels aber war ausschlaggebend geworden für unsere nachherige Freundschaft. Willy hatte bei jener Gelegenheit mein Mitgefühl nicht umsonst benutzt, indem er behauptete, die Fesseln seien »zu fest« und täten wehe, und ich war nur zu bereit, diese etwas zu viel zu lockern, und war auch nachher gerade nicht allzusehr erschrocken, als plötzlich mein Gefangener in großen Sätzen entwischte. Das Spiel, hieß es, »gilt nicht«, ich wurde tüchtig wegen meiner Unzuverlässigkeit ausgescholten. Und als ich dabei noch obendrein meinen Freund Ausreißer in Schutz nehmen wollte, geschah, was oft zu Ende solcher Spiele zu geschehen pflegt, irgend jemand bekam seine Hiebe und hier in diesem Falle war ich es, der seine schöne Tracht Prügel von seinen Kriegskumpanen einheimsen mußte. Das waren meine ersten »Liebesschmerzen«. Und Willy machte nicht einmal Miene, mich zu trösten oder nur zu bedauern. Und doch ist eben dieses Jugendspiel der Grundstein zu unserer langjährigen innigen Freundschaft geworden. Es mochte Willy doch wohl leidgetan haben, daß ich seinetwegen so jämmerlich gepufft worden. Er ließ sich von da an öfter vor dem Hause, wo meine Eltern wohnten, sehen. Ach und ich, mir fuhr jedesmal ein Wonneschauer durch die Brust, wenn ich ihn nur erblickte. Heiße Blutwellen schossen mir ins Gesicht und mehr stürzend rannte ich auf ihn los, um seine Hand zum »guten Tag« zu fassen, die ich dann oft überlange festhielt, in seinen Anblick versunken und ohne zu hören, wenn er mich nach diesem und jenem frug. Von nun an begann die schönste Zeit meiner Jugend. Ich war überglücklich, daß Willy anfing, sich mit mir zu beschäftigen. Nun bot ich alles auf, ihn an mich zu fesseln. Wir besuchten uns gegenseitig und wenn ich einmal von der Mutter einen freien Nachmittag erhielt, dann wußte ich's trefflich einzurichten, ihn von den wilden Spielen mit den anderen Jungen abzuhalten und ihn zu überreden, mit mir zusammen in der Umgegend umherzustreifen. Er tat mir auch öfter den Gefallen und ging mit, trotzdem die Neigung dazu bei ihm nicht sonderlich groß zu sein schien. Dann lagen wir oft an einem kleinen Abhang oder im Gebüsch versteckt und lauschten dem Gesange der Lerchen über unseren Häuptern und folgten ihren Bewegungen, wenn die kleinen Sänger jubelnd in den blauen Äther aufstiegen. Zuweilen war Willy, den Kopf in meinem Schoß ruhend, sachte eingeschlafen, während ich meiner Lieblingsbeschäftigung oblag, große Mengen von Blumen zu allerlei Kränzen, Sträußen und Girlanden zu verarbeiten. Dann hielt ich ab und zu inne und lauschte auf seine tiefen Atemzüge, betrachtete zärtlich sein schönes Haupt von allen Seiten und versenkte heimlich und schüchtern meine Lippen in das üppige Haar des Lieblings. Fortan gab ich mich dieser berauschenden Zuneigung mit einer Inbrunst hin, die bald mein ganzes junges Dasein ausfüllte.

Wo ich ging und stand, begleiteten mich die Gedanken an ihn. Ich mischte mich jetzt nur noch sehr selten unter die anderen Knaben, wenn »er« nicht unter ihnen war, sondern streifte allein umher oder ging zu ihm, und wenn ich ihn nicht zu Hause traf, setzte ich mich in irgend eine Ecke, um auf ihn zu warten. Schalten schon früher meine Eltern öfter über mein »närrisches« Wesen, so war ich nun völlig ein Träumer geworden. Stundenlang saß ich oft in der Kammer in einer Ecke und sann und sann und suchte nach einem Mittel, wie ich meinem schönen Freund noch mehr wie bisher meine Liebe beweisen könnte. Allerlei abenteuerliche Pläne wogten in meiner Seele auf und nieder. Ich stellte mir vor, wie das Haus, in dem Willy wohnte, plötzlich in Brand geriete und Willy darin in großer Lebensgefahr sich befinden würde. Ich würde dann, das gelobte ich mir, sofort in die Flammen stürzen, würde ihn natürlich »ganz gewiß« in meinen Armen aus dem Feuermeer erretten usw. So brachte ich oft die Zeit hin in solchen für mich wundersüßen Träumen.

Immerwährend hungrig nach irgend einer Gunstbezeugung von seiner Seite, war im Gegensatz dazu Willy eigentlich recht sparsam damit. Willy war im ganzen ein herzensguter Junge. Jedoch geschlechtlich offenbar normal veranlagt, konnte er mir gewiß keine anderen Gefühle entgegenbringen, als er für mich eben hatte. Nämlich jenes Gemisch von Anhänglichkeit und Dankbarkeit, das er mir ja auch bereitwillig zugestand, wohl mit dem dunklen Bewußtsein, daß er an mir einen Freund besaß, von dem er alles verlangen konnte. Was aber in meinem kaum dreizehnjährigen Herzen schon damals brannte und wühlte, war eben etwas anderes als kameradschaftliche Zuneigung. Es waren die ersten steigenden Funken jenes gewaltigen unterirdischen Feuers, jener leidenschaftlichen Glut, die man Liebe nennt. Blieb dem Dreizehnjährigen, in keuscher Unschuld, auch die erotische Natur dieser Empfindungen noch unbewußt, so stieg mir doch bereits die dunkle Ahnung empor, daß diese Liebe ebensolche, gleich heiße und stürmische Leidenschaftlichkeit von dem andern fordern müsse. Ich war nicht damit zufrieden, daß er mich viel aufmerksamer und rücksichtsvoller, sanfter behandelte wie die anderen, mich auch wohl mal spaßend sein »Püppchen« nannte, meine Hände packte und mit mir im Kreise herumjagte, mich plötzlich losließ und dann schnell hinzusprang und mich auffing, wenn ich, schwindlig geworden, zu stürzen drohte; war auch nicht zufrieden, wenn ich seinen Kopf dann und wann an meinen Busen drücken durfte, ihm Haar und Wangen zu streicheln. Nein, freiwillig sollte er selbst dergleichen auch mit mir tun, sollte meinen schüchternen Kuß erwidern. Täglich in den Stunden, wo wir nicht beisammen waren, waren doch meine Gedanken bei ihm. Dann stellte ich mir in meiner Phantasie vor, wie er mich innig umarmte, an sich drückte und küßte. Bei solchen Träumen stieg mir immer der Schlag meines Herzens gleichsam bis zum Hals herauf und ich wäre in solchen Augenblicken nicht imstande gewesen, wenn mich jemand überrascht hätte, auch nur ein Wort hervorzubringen. Fest hing ich mich dann im Geiste an ihn, um ihn nie, nie mehr loszulassen, er sollte mich tragen, weit, weit fort, irgendwohin, wo wir immer, immer beisammen sein dürften. Wie geistesabwesend saß ich dann oft in einem Winkel und rührte mich nicht. Oft traf mich meine Mutter so und riß mich scheltend, unsanft aus meinen süßen Träumen. So viel ich nun auch von solchen Umarmungen träumte, Willy tat nie etwas dergleichen, und ich mußte mich weiter mit den kärglichen Gunstbezeugungen dieses wild umherstürmenden Knaben begnügen. Und doch – bald sollte ein Teil meiner heimlichen Träume in Erfüllung gehen. Wie ich schon eingangs meiner Zeilen bemerkte, waren meine Eltern arme Leute, die schwer um die rechtschaffene Erhaltung unserer zahlreichen Familie kämpfen mußten. Mit Eintritt in mein 13. Lebensjahr machte sich, hervorgerufen durch lange Krankheit meines Vaters, auch für mich die Notwendigkeit geltend, nun dauernd zum Unterhalt der Familie mit beizutragen. Ich war im ganzen etwas zart, aber sonst kerngesund und leidlich wohlgebaut. So erhielt ich denn eine Stelle in einem großen Speditionsgeschäft, als sogenannter – Rollmops, so wurden jene halbwüchsigen Jungen genannt, welche den Rollkutscher auf dem schwerbeladenen Speditionswagen zu begleiten hatten, vom Güterbahnhof durch die Stadt, wo die Kisten und Ballen bei den verschiedensten Firmen abgesetzt wurden. Hier begann nun eine sehr trübe Periode meiner Jugend, und doch fiel in sie der erste Sonnenstrahl eines reinen zarten Liebesglückes. Der Leser mag mir gestatten, hier die kleinen, an sich ja recht unbedeutenden Vorkommnisse dieses meines jungen Daseins etwas ausführlicher zu erzählen. Denn es bieten sich in ihnen, meiner allerdings laienhaften Auffassung nach, wohl für den Forscher alle jene charakteristischen Merkmale dar, die schon den Knaben in seiner ganzen psychologischen Entwicklung als ausgesprochenen Homosexuellen erscheinen lassen. – Meine ganze körperliche und seelische Verfassung stand eigentlich im Widerspruch zu meinem neuen Tätigkeitsfelde. Die ganze Umgebung, in die ich nun plötzlich hineinkam, behagte mir schon von Anfang an nicht. Und doch war ich nun verpflichtet, täglich von ½ 2 bis meistens abends nach 10 Uhr in dieser neuen, für mich so ungünstigen Atmosphäre zuzubringen, unter der ich ungemein litt. Meinen geliebten Willy sah ich jetzt nur noch selten, denn ich hatte ja nun in der Woche überhaupt keine freie Zeit mehr. Mein ganzes Wesen sträubte sich gegen die Art meiner nunmehrigen Beschäftigung. Der Umgang mit den Pferden, das An- und Ausspannen,

Füttern und Tränken derselben sowie das Streumachen, alles dieses gehörte zu den Obliegenheiten eines ordentlichen »Rollmopses« und war mir ein Greuel. Dazu kam, daß ich unter dem ungemein rohen Tun und Treiben der Kutscher zu leiden hatte. Das beständige wüste Gefluche, die brutalen gemeinen Späße, flößten mir Abscheu ein. Scheu und furchtsam tat ich, was mir geheißen wurde und hatte infolgedessen auch noch die frechen Sticheleien meiner neuen »Kollegen«‹, deren es eine Menge auf dem Speditionshofe gab, einzustecken.

Mit Wehmut dachte ich an die schöne Zeit, wo ich mit Willy zusammen so glücklich war. Ach wie sehnte ich mich so furchtbar nach diesem meinem liebsten, meinem einzigen Freund. Und fast unbewußt lenkte ich meine Schritte nach jener Straße, in der er wohnte, drückte mich in irgendeine Ecke, von wo aus ich seine Fenster sehen konnte und blickte unverwandt hinauf. Meistens war es schon immer nach 10 Uhr und meine geheime Hoffnung, Willy vielleicht noch treffen und sprechen zu können, war immer vergeblich. Fast verzehrte mich die Sehnsucht nach ihm und unsagbare Traurigkeit erfüllte meine Seele. Ich dachte mir dann meinen Liebling hinter jenem Fenster, vielleicht schon friedlich in seinem Bette schlummernd, er dachte am Ende gar nicht mehr an mich, seinen Freund, ja, hatte vielleicht den ganzen Tag, die ganze Zeit, wo wir uns nicht gesehen, nicht mehr an mich gedacht, hatte mich wohl gar schon ganz vergessen. O, dann fühlte ich mich so furchtbar einsam und verlassen auf der Welt und fing an bitterlich in mich hinein zu weinen. Ich war tief unglücklich und langsam schlich ich nach Hause. – Solche Abende wiederholten sich oft. – Und doch sollte mir hier gerade die glücklichste Stunde meines jungen Daseins schlagen. Was ich mit meinen glühendsten Phantasien bis dahin mir heimlich ausgedacht, nie aber verwirklicht zu glauben gewagt, das wurde mir an einem Abend zuteil. Ich hatte mich, wie oft, nachdem die Feierabendstunde für uns geschlagen, verstohlen vom Speditionshof davon gemacht, um nicht mit den anderen Burschen auf der Straße zusammen zu geraten. Träumend trabte ich durch die Straßen und stand auch bald wieder vor dem Hause meines Freundes. Ich hatte ihn fast 3 Wochen lang nicht gesehen und bildete mir ein, Willy müßte nun doch unbedingt auch nach mir ausschauen. Meine unendliche Zuneigung konnte sich nicht damit abfinden, daß er so ganz und gar nicht an mich denken sollte. Lange wartete ich vergeblich, daß er vielleicht zufällig irgendwo noch sichtbar würde. Schließlich ging ich, da ich nun das Tor zufällig diesmal noch offen fand, durch den Hausflur und lungerte wartend und mißmutig auf dem mir wohlbekannten Hof umher. Im Hause wohnte ein Lohnkutscher, der in den Seitengebäuden, Remisen und Ställen mit seinen Kaleschen, Droschken, Pferden und allerlei Gerätschaften den ganzen Hof beherrschte. Ich kannte jeden Winkel, denn ich hatte mich mit Willy zusammen manches liebe Mal hier umher getummelt. Ich setzte mich auf einen umgestülpten Wassereimer, am Eingang einer offenstehenden Wagenremise, und starrte nun eine Weile nach dem Küchenfenster der Wohnung meines Freundes hinauf. Eine Weile hatte ich so gesessen, schwermütig seufzend, den Kopf in die Hände gestützt, als ich plötzlich aus dem Innern des Schuppens, wo einige Bündel Stroh, Futtersäcke usw. lagen, meinen Namen flüstern hörte. Ich bekam einen gewaltigen Schrecken, sprang auf und lauschte. Hinter dem Bündel Stroh regte sich etwas, kam vorsichtig näher und mit freudigem Erstaunen erkannte ich nun – Willy, meinen sehnlichst erwarteten Freund. Er ließ mir aber keine Zeit zum langen Fragen, zog mich am Arm in den dunklen Winkel zurück und erzählte mir flüsternd und mit vor Angst zitterndem Atem, wie er in dieses Versteck gekommen sei und wie er sich, aus Furcht vor dem strafenden Arm seines sehr strengen Vaters, nicht hinauf getraue. Es war eine lange Geschichte. Willy hatte offenbar wieder einmal bei einem tollen Knabenstreich die Hauptrolle gespielt. In Gesellschaft mit anderen Knaben hatte er einer in der Nähe wohnenden Grünkramhändlerin einen Schabernack zugedacht. Das Geschäftslokal dieser Frau befand sich unterhalb der Straßenfront, die Treppe ging von der Straße aus nach unten, und die bösen Buben hatten nun einen großen Blechtopf mit Wasser herbeigeschleppt und hatten diese Pandorabüchse jene Treppe hinunter »fallen lassen«. Das Wasser war natürlich in den Laden geflossen und hatte die alte, etwas korpulente Frau sehr in Bewegung gesetzt. Nach vollbrachter Tat fliehend, waren jedoch einige der Übeltäter erkannt worden. Und gegen Abend nahte die rächende Nemesis in Gestalt der sehr rabiaten Grünkramfrau. Sie kam in die Wohnung der Eltern, strengste Strafe heischend für den »ungeratenen Bengel«, widrigenfalls sie sich bei der Polizei beschweren wollte, da das schon »öfter vorgekommen«. Willy beteuerte mir allerdings, daß er diesmal »wirklich und wahrhaftig« gänzlich schuldlos sei, indem die anderen den ganzen Koup ausgeheckt und vollbracht hätten, er aber nur »zugeguckt« hätte. Mit pochendem Herzen hatte ich seinem Bericht gelauscht. Mitleid erfüllte meine Seele und ich überlegte bereits, wie ich meinem Freunde helfen konnte. Ich riet ihm zunächst, hinauf zu seinen Eltern zu gehen, denn, da er »nichts dafür« könnte, so setzte ich ihm auseinander, war doch keine Strafe zu erwarten. Allein mit der gänzlichen Unschuld mochte es wohl seinen Haken haben, und ich konnte ihn nicht dazu bewegen, hinauf zu gehen. Schließlich erklärte er schluchzend, er wolle »ins Wasser« gehen, denn sei Vater sei »zu strenge«. Entsetzt packte ich seinen Arm, als müßte ich ihn festhalten. So saßen wir eine Weile stumm nebeneinander. Seine Angstlaute schnitten mir ins Herz und ich zermarterte mein armseliges Hirn nach irgend etwas, womit ich ihn retten könnte. Denn helfen mußte ich ihm, so viel war sicher. Mit einem Male kam mir auch ein trefflicher Gedanke, ja, so mußte es gehen, so konnte ich ihn vielleicht von der drohenden Strafe befreien. Ich überlegte gar nicht erst, ob auch alles, was er mir erzählt hatte, wahr sei und ob er wirklich nur »zugeguckt« hätte. Schnell sprang ich auf, flüsterte ihm hastig ein paar Worte über meinen Rettungsplan zu und ehe er ein Wort erwidern konnte, rannte ich über den Hof, die Treppe zur Wohnung seiner Eltern hinauf und schellte.

Beim schrillen Klang der Schelle aber erschrak ich doch heftig über meine Kühnheit und mir war auf einmal sehr bange. Aber hier blieb mir keine Zeit mehr zum Überlegen, denn im nächsten Moment stand ich schon vor dem gestrengen Herrn Vater meines Freundes. Stockend begann ich nun zuerst und zähneklappernd vor Angst und Aufregung eine umständliche Erzählung, wie ich Willy vorhin getroffen hätte, wie er auf der Brücke am Kanal gestanden, sich nicht nach Hause getraue, ins Wasser wolle aus Angst vor der Strafe und wie er so geweint habe, weil er diesmal »gar nichts gemacht«, sondern bei der ganzen Sache »nur zugeguckt« und daß ich es »ganz genau« gesehen, wie ein anderer Junge den Topf mit dem Wasser in den Keller gestürzt, Willy aber nur in der Nähe gewesen sei und eben nur zugeguckt habe. Das alles hatte ich »ganz genau« gesehen usw. Ich log das Blaue vom Himmel und muß wohl in der Hitze in meine Rede »dramatisches Leben« gebracht haben, denn Geschwister und Mutter meines Freundes standen um mich herum und lauschten atemlos. Warum sollte es auch nicht so gewesen sein? Es war schon ziemlich spät, man war bereits unruhig geworden, da sich Willy noch nicht hatte blicken lassen. Also klang meine Erzählung nicht unwahrscheinlich und die Mutter fing bereits zu jammern an um »den armen Jungen«; man drang in mich, ich sollte ihn holen oder wenigstens sagen, wo er stecke, es solle ihm nichts geschehen usw. Mir aber, angesichts des unerwarteten schnellen Erfolges, schwoll gewaltig der Kamm, ich fing an, mit meinen höheren Zwecken zu wachsen und erklärte achselzuckend, das Versteck Willys nicht verraten zu können, bevor man nicht Straflosigkeit vollkommen einwandsfrei zusichere. Plötzlich fiel mir der Vater, der mich während des ganzen Auftritts aufmerksam beobachtet hatte, gelassen mit der Frage ins Wort, ob nicht wohl ich der wirkliche Täter sei, denn da ich alles so genau wüßte, müsse ich doch zum mindesten dabei gewesen sein. Verdutzt senkte ich die Augen zu Boden, nun hatte mein schönes Lügengewebe ein ziemliches Loch bekommen, schnell aber besann ich mich, schmolz flugs Dichtung und Wahrheit zusammen und erklärte prompt, daß ich, auf dem Rollwagen sitzend, zufällig alles mit angesehen hätte. Die Sache schien plausibel, Willys Mutter namentlich glaubte alles und suchte ihren Gemahl von der Möglichkeit der Wahrheit meiner Angaben zu überzeugen. Dieser war nun freilich nicht so schnell von der Unschuld seines Sprossen überzeugt, namentlich wollte ihm der Passus von dem »bloßen Zugucken« nicht recht einleuchten. Die ganze Geschichte schien ihn aber endlich zu amüsieren, da ich nicht aufhörte, fortwährend die Engelreinheit seines Sohnes zu beteuern. Schließlich meinte er, man könnte es ihm ja diesmal schenken, obgleich es eigentlich um jeden Hieb schade sei, der vorbei ginge usw. Mein Herz hüpfte vor Freuden und als der große bärtige Mann wohlwollend lächelnd meinte, ich sei ja ein verteufelt eifriger Fürsprecher und wir hielten wohl »dicke Freundschaft«, da ward ich über und über rot und konnte kein Wort mehr sagen. Ich erhielt nun beim Fortgehen nochmals den dringenden Auftrag von der Mutter, den Sohn sofort hinauf zu schicken. Nochmals nahm ich ihr die Zusicherung ab, daß ihm nichts passieren dürfe, flog die Treppe hinunter, über den Hof und teilte meinem Freunde triumphierend die Freudenbotschaft mit. Willy traute jedoch dem Frieden noch nicht so recht und zögerte. Nun versprach ich, bereits mit tränenden Augen, mitzugehen und nochmals alles zu bekräftigen in seiner Gegenwart, da ich sah, daß er meinen Worten nicht glauben wollte. Ich mußte nun nochmals mit hinein und das Damoklesschwert über dem teuren Haupte meines Freundes wurde glücklich beseitigt. Als mich Willy nachher hinausbegleitete, um mir das Tor aufzuschließen, – da es mittlerweile spät geworden war –, blieb er auf dem Hausflur plötzlich vor mir stehen, faßte meine Hand, sah mich eine Weile an und meinte dann in seiner treuherzigen Weise: »Du bist aber furchtbar gut, weißt du, und was du für Courage hast! Wärst du nun nicht gekommen, hätte ich immer noch die schreckliche Angst.« Ich konnte nichts erwidern, sondern drückte nur leise seine Hand. Er aber, wohl in unmittelbarer Aufwallung seines dankbaren Herzens, schlang nun seine Arme fest um meinen Hals und küßte mich dreimal herzhaft auf die Wange, indem er mich seinen liebsten Freund nannte. – Ich war wie betäubt. Die schnelle, unerwartete, zärtliche Berührung Willys raubte mir fast die Sinne. Mein Kopf glühte plötzlich wie Feuer und das Herz drohte mir zu zerspringen, so stürmisch begann es zu pochen. Ein unbeschreibliches Gefühl durchrieselte meine Adern und im Übermaß seligen Entzückens erbebte mein ganzer Körper. Nun konnte ich nicht mehr halten. Zitternd hing ich am Halse meines Freundes und bedeckte sein Antlitz mit tausend leidenschaftlichen Liebkosungen. Der erste Strahl heißer Sinnlichkeit durchschoß meinen Körper. War das nicht die Erfüllung meiner seligsten Träume, die ich so oft im stillen Winkel, immer und immer von neuem, geträumt? Nun sagte er es mir selbst, daß ich sein liebster Freund sei – minutenlang war ich nicht imstande einen Laut von mir zu geben.

Dann aber, unter neuem langen Kuß, gab ich mein süßes, so lange bewahrtes Geheimnis preis. Leise kam es von meinen Lippen. Ich bin dir ja so schrecklich gut! »Ich dir auch«, beteuerte Willy überzeugungsvoll. Und nun lösten sich die Zungen, innig umschlungen gaben wir uns gegenseitig das Versprechen unverbrüchlicher Treue. Nichts sollte uns mehr trennen, nie, nie wollten wir uns böse werden, wie es »die andern« so oft gegenseitig täten. Willy schwor hoch und teuer, er wollte jedem die »Knochen kaput schlagen«, der mich beschimpfen oder mir gar »was tun« wollte. Meinen glühenden Kopf an seine Brust gelehnt, erzählte ich denn von meinem Mißgeschick auf dem Speditionshof, von den Burschen, die mir immer nachstellten und von all den kleinen Sorgen und Kümmernissen dort. Er versprach mir, mich zu schützen, wo er nur könnte. So schwatzten wir noch lange von diesem und jenem und konnten nicht voneinander kommen. – Weshalb ich dies alles so breit und ausführlich schilderte? – Weil ich diese für mich so bedeutsamen Momente meines ersten Liebeslebens nie und nimmer vergessen kann und mag.

Weil die unendliche Gewalt der Liebe mir in jenen Tagen zum ersten Male wirklich bewußt wurde. Und liegt nicht ein unbeschreiblich poetischer Hauch über diesem Stückchen Jugendidyll ausgebreitet, der in seiner schuldlosen Naivität das Herz jedes Menschenfreundes bezaubern muß? Was wußten wir von der Welt, was von der rauhen Wirklichkeit mit ihren Regeln und Gesetzen? Was für Begriffe macht sich ein 13½jähriges Gemüt von dem starren Sitten- und Moralkodex der Kulturgesellschaft? Ach, keine! Aus dem reinen Lebensimpuls, aus dem sprudelnden Quell lebendiger Jungendkraft und Fülle schöpfte ich dieses unendliche schöne Empfinden, diesen unwiderstehlichen Drang nach innigster Vereinigung des Körpers und der Seele. Immer und immer wieder preßte ich den Körper Willys fest an mich, streichelte seine blühenden Wangen, liebkoste die strahlenden Augen dieses Knaben, den ich über alles liebte. Ich ahnte noch nicht, daß in diesem ewigen stürmischen Verlangen bereits die schwellenden Keime einer »naturwidrigen Perversität« emporsproßten. Daß diese meine Zuneigung zu dem Wesen meines eigenen Geschlechts bereits alle Merkmale einer verbrecherischen Leidenschaft aufwies, die der Paragraph so und so mit Gefängnis, Zuchthaus und Ehrlosigkeit bedroht, was wußte der Knabe von alledem? Mit kindlicher Sorglosigkeit gab ich mich dieser Liebe hin, ging ganz in ihrem Gegenstand auf und konnte überhaupt gar nicht anders, weil es eben meinem natürlichen Wesen entsprach. Ein hohes Glück fand ich in dem stolzen Bewußtsein, von Willy, dem schönsten, dem unbändigsten unter den ganzen Kameraden, geliebt zu werden. Er hatte es mir ja selbst gestanden, weil ich »so gut und so tapfer« war. Ach, mit meiner Tapferkeit war es sonst nicht weit her. Aber eben, für »ihn«, meinen Geliebten, wäre ich noch aller möglichen Torheiten fähig gewesen. Rastlos nährte und pflegte ich meine Liebe. Über die nun folgende trübe und doch so glückliche Zeit meiner Jugend will ich schweigend hinweggehen. Sie flog schnell genug hin und aus den Knaben wurden Jünglinge. Willy und ich, wir waren und blieben die zwei Unzertrennlichen. Beide mußten wir ein Handwerk lernen und nachdem wir die Lehrzeit absolviert, blieben unsre Verhältnisse und unser beiderseitiger Wohnort vorerst noch so, daß wir immer zusammen sein konnten. Willy hatte sich schnell zu einem wohlgewachsenen, blendendschönen jungen Mann herausgewachsen. Ich war mit meinen 17 ½ Jahren immer noch eine recht knabenhafte, unreife Erscheinung, wenigstens mußte es nach dem Urteil meiner Umgebung wohl so sein. Zart und schwächlich gebaut, mit blassem Gesicht, sprach ich noch hell und sang einen tadellosen Sopran. Wir waren uns noch immer in treuer Freundschaft zugetan. Ich mit immer wachsender leidenschaftlicher Glut, Willy mit immer gleichmäßiger ruhiger Treue und Anhänglichkeit.

Mir genügte natürlich diese ruhige, platonische Liebe durchaus nicht. Ich verlangte gleiche, heiße Leidenschaftlichkeit. Aber bald sollte ich inne werden, daß er mir das, was ich von ihm verlangte, eben nicht gewähren *konnte*. Gutmütig lächelnd, duldete er wohl meistens meine heftigen Liebkosungen, wehrte auch mitunter sanft ab mit der Bemerkung, er sei ja doch wohl kein Mädchen. Dann ward ich böse, nannte ihn einen kalten Frosch, eine Fischnatur und schmollte. Er nahm meine Ausfälle gelassen hin und tat im übrigen nichts, meine Ansicht zu entkräften. Wenn ich ihn dann aber einmal 8 Tage nicht gesehen, hielt ich es nicht mehr aus, ging wieder zu ihm und alles war gut. Ich liebte ihn zu sehr und seine Abwesenheit aus meiner Lebenssphäre war für mich ein unfaßbarer Begriff.

In dieser Zeit begann ich natürlich auch, poetische Erzeugnisse von mir zu geben. Unendlich lange Verse entrangen sich meiner Feder. Sie waren alle an »ihn« gerichtet. Er hat die ersten nie zu Gesicht bekommen. Später wurde ich hartnäckiger und dichtete ein riesiges Epos, das ebenfalls auf »ihn« Bezug hatte. Dieses ließ ich Willy »zufällig finden«. Er las es im Schweiße seines Angesichts und staunte mich an ob meines »Genies«, wollte aber, zu meinem heimlichen Verdruß, durchaus nicht merken, daß dieses alles nur ihn selbst zum Gegenstande hatte. Unsere sonntäglichen Vergnügungen waren auch durchaus von denen der meisten unsrer Kameraden, die ja alle, wie wir, dem Handwerkerstande angehörten, verschieden. Während diese sich in Rudeln Sonntags in den Straßen herumtrieben oder in Kneipen »Schafskopp« oder Billard spielten, verachteten wir beide natürlich solche »barbarischen« Genüsse. Wir gingen gewöhnlich ins Theater oder in Konzerte und nahmen nachher das Dargebotene häufig gar superklug unter die kritische Lupe.

Allein bald sollte unser schönes Verhältnis einen jähen Riß bekommen. Wir gingen nun bereits dem 19. Jahre entgegen und mir fing es an, aufzufallen, daß Willy nicht mehr seine freie Zeit ganz und gar mit mir teilte. Es kam erst einige Male, dann sehr oft vor, daß er, wenn ich Sonntags zu ihm kam, um ihn abzuholen, schon fort war oder sich bei mir entschuldigte. Er ließ mich ruhig öfter allein ausgehen und kam auch immer seltener zu mir. Die Liebe ist wachsam und bald erkannte ich, daß er mir auswich, die Gesellschaft einer anderen Person mir vorzog. Sachte schlich sich ein unbehagliches Gefühl bei mir ein, das immer stärker und stärker wurde. Es tat meinem Herzen immer weher und weher und fraß mit züngelnden Flammen an meiner Seele. Ich war eifersüchtig, rasend eifersüchtig geworden. Er kam immer seltener, und wenn er kam, war er nicht mehr bei mir, sondern schien immer etwas anderes vorzuhaben. Und wenn ich ihn dann in alter Liebe zärtlich begrüßen wollte, wehrte er ab mit den Worten: »Ach laß doch, wir sind doch keine Kinder mehr!« Eisig kalt schoß es mir dann durchs Herz, ich fühlte, ich war im Begriff, ihn zu verlieren. Still und in mich gekehrt saß ich dann neben ihm und hörte nur halb auf seine Erzählungen. Bald kam er dann auch auf die Weiber zu sprechen und dann wurde er immer sehr aufgeräumt und begann begeistert ihr Lob zu singen. Wütend biß ich mir die Lippen blutig und machte boshafte Anspielungen. Freimütig gab er dann zu, sich da und dort mit andern Freunden in »Damengesellschaft köstlich amüsiert« zu haben und beschrieb mir umständlich die »feinen Mädels«.

Und wenn ich höhnisch bemerkte, daß er mich mit so was gar nicht interessieren könne und mich verschonen möge, dann lachte er mich aus, nannte mich ein »Bählämmchen«, das in Damengesellschaft nicht »Zip« sagen könne und meinte, ich würde wohl einmal bei Muttern hinterm Ofen versauern. Dann wurde ich furchtbar aufgebracht und schalt ihn einen Schürzenjäger und Pantoffelhelden. Er antwortete prompt, ich sei wohl neidisch und bot mir an, mit ihm zu gehen, er wollte mich auch lehren, wie man die Mädels »rumkriegen« könnte. Giftig spuckte ich dann aus und vermaß mich bei allen Heiligen, »so was« könne mir nicht einfallen. Zankend schieden wir dann jedes Mal voneinander, ohne den üblichen Händedruck. Einsam blieb ich zurück. Das also war es. Die Weiber hatten ihn mir entrissen. Ihnen folgten meine schwärzesten Flüche, meine ärgsten Verwünschungen, die ich schließlich in Tränen ohnmächtiger Wut erstickte. Mit der ungemeinen Lebhaftigkeit meines ganzen Naturells nahm ich diesen ersten wirklich großen Liebesschmerz auf. Traurig ging ich umher. Wie grauer Nebel senkte sichs herab auf die Träume meiner Liebe, auf alle jugendfrohen Pläne und Hoffnungen. Ach, und wir hatten so schöne Pläne miteinander geschmiedet! Wollten bald in die Fremde gehen, wollten auf der Wanderschaft Welt und Menschen kennenlernen! Natürlich gemeinschaftlich! Hatten wir uns nicht damals gelobt, daß wir uns nie, nie trennen wollten? O, ich hatte es noch nicht vergessen! Und da wir uns die gemeinschaftliche Reise schon in allen Details ausgemalt, trug ich nun seit längerer Zeit eine geheime Hoffnung mit mir herum, eine Hoffnung auf Erfüllung des höchsten Wunsches meiner Liebe, den ich bisher nie gewagt vor Willy auch nur anzudeuten, ja ich hatte in meinen stillen Gedanken kaum den Mut, mir selbst diesen Wunsch einzugestehen. Und doch verfolgte mich dieser Gedanke seit langem, wenn ich still und einsam meinen Gedanken nachhing, in langen, schlaflosen Nächten, im Beisammensein mit Willy, überall hin verfolgte mich dieser Wunsch, ich wurde ihn nicht los, wollte ihn auch gar nicht los werden. Alles hatte ich mir bereits ausgemalt: Per pedes die Welt durcheilen, Städte und Dörfer, ja vielleicht fremde Länder sehen und immer beieinander sein können! Mußten wir nicht auf unsern Reisen in Herbergen übernachten? So würden wir dann gewiß auch nachts im Schlummer beieinander weilen können, auf gemeinschaftlicher Lagerstätte, an seiner Brust ruhend, könnte ich selig dem neuen Tag entgegenschlummern. – Wie fest und innig wollte ich mich an ihn schmiegen, wollte den Geliebten an mein brennendes Herz pressen! In unmittelbarer zärtlicher Berührung mit dem blütenweißen Körper meines Freundes würde ich der höchsten Seligkeit einer mächtigen Liebe teilhaftig werden, das süßeste Glück meines Daseins genießen können, das ich bis jetzt vergebens erhofft hatte! – War dieses Begehren etwa aus den Abgründen verbrecherischer Phantasien eines übersättigten Lüstlings geboren? – Ach nein, ich war als 18jähriger Jüngling, in der Blüte meiner Jugendkraft, weder geschlechtlich übersättigt, noch war meine Begierde auf irgend eine bewußte oder bestimmte geschlechtliche Handlung gerichtet. War ich doch damals noch ein in geschlechtlichen Dingen vollständig unerfahrener, unwissender Bursche. Gewiß hatte ich wohl, wie das bei allen jungen Leuten der Fall, viel abenteuerliches Zeug von Geschlechtsakten zwischen Mann und Weib gehört, und heute noch lächelt man über alle die unmöglichen und ungeheuerlichen Vorstellungen, die wir uns als junge Burschen auch von den Geburtsvorgängen machten.

Ich hatte eine Art mystische Scheu vor allen diesen Dingen und heillose Furcht vor den Folgen geschlechtlicher »Verirrungen«. Inzwischen war jedoch der Knabe zu einem vollkommenen Geschlechtswesen herangereift, in dem sich bereits der mächtige Drang nach Ergänzung regte. Was Wunder, wenn sich dieser Drang mit Gewalt auf jene Wesen richtete, die von Jugend auf mein ganzes Sein beherrscht hatten. Die gewaltige Liebe des Geschlechts konzentrierte sich ganz von selbst und ohne sich klar bewußt zu sein auf das eigene Geschlecht.

Damit war aber, weil der unerbittliche Sittenkodex dieser Zeit darin die Momente einer verbrecherischen Handlung erblickt, der Fluch der Gesellschaft auf das Haupt des Liebenden gefallen, dem nur noch recht und billig geschah, wenn er aus der Gemeinschaft aller anständigen Menschen verbannt wurde. Jener Fluch sollte auch mir später im reichsten Maße zuteil werden. Zu jener Zeit aber, da sich in mir die ersten Blüten des Geschlechtsbewußtseins eben erschlossen hatten, ahnte ich von alldem noch nichts. Niemand hatte mir noch bis dahin jemals etwas davon gesagt. Wie konnte ich selbst etwa dies edle Feuer in meiner Brust verdammen, da es doch ein Element von meinem ureigenen Selbst war und zwar ein ganz gewaltiges? – O nein, ich konnte nichts Unmoralisches darin finden, dachte gar nicht daran, daß wohl irgend jemand kommen könnte und sagen: »Deine Gefühle sind verbrecherisch!« Ich hätte ihn schön abfahren lassen. Denn heilig war mir meine Liebe zu Willy, sie, die mich schon als Knabe für alles Edle begeistert hatte. Heilig war mir auch die Person meines Freundes. Ich hatte ja zu dieser Zeit nicht die geringste Ahnung von irgend einem bestimmten Geschlechtsakt, irgend einer Form sexueller Befriedigung zwischen Männern. Konnte mir gar keinen Begriff davon machen und dachte auch niemals an etwas dergleichen, da ich bis dahin von solchen Dingen noch nichts gehört. Und doch ist die Tatsache nicht zu leugnen, sie war vorhanden, es zog mich mit unwiderstehlicher Gewalt nach der körperlichen Berührung mit meinem Freund. Was war es denn nun, das mich immer und immer wieder mit magischer Gewalt hinzog, mich ewig drängte und trieb, seine Nähe zu suchen? Ach, ich machte mir keine langen Gedanken erst über die etwaige Unnatur meiner Empfindungen. Unbewußt gab ich mich ihrem Zauber hin. Ja es war ein Reiz ohne Ende, der von der Person dieses wunderschönen Jünglings ausstrahlte. Alles liebte ich an diesem Körper, dies schöne blonde Haupt mit der blendend weißen Stirn, die herrlichen Augen, die mir so oft treuherzig entgegengestrahlt, die frischen Wangen, die roten Lippen so schön geschwungen, auf die ich schon als Knabe so oft im schüchternen Kuß die meinen gedrückt, die kräftigen Hände und die hohe breite Brust, an der ich so oft geruht, und alles was diese teure Brust umschloß, dieses stolze und doch so gute Herz, das sinnige Gemüt, alles, alles liebte ich an diesem teuren Wesen und ging völlig in ihm auf. Aber auch das Verlangen nach innerer Gemeinschaft brannte in meiner Seele. Die Gleichheit des geistigen Daseins, das Ineinandertauchen beider Herzen war es, was ich erstrebte. – Ich kehre zum Faden meiner Erzählung zurück. Willy konnte mir nicht das gewähren, was ich glaubte von ihm verlangen zu dürfen. Ganze Hingabe, so wie meine Liebe zu ihm mein ganzes Wesen beherrschte, so sollte es auch bei ihm sein. Die Natur meiner Empfindungen duldete nicht, daß ich seine Zuneigung mit andern teilen sollte. Unser gegenseitiges Verhältnis wurde deshalb in der Folge merklich kühler. Willy suchte immer mehr, der Richtung seiner Entwicklung nachgehend, Verkehr mit dem weiblichen Geschlechte. Ja er wurde sehr bald ein von den Damen viel umworbener Don Juan, der eben dank der äußeren Vorzüge, die ihm Mutter Natur verliehen, diese Rolle mit sehr viel Geschick überall durchzuführen verstand. Trauernd stand ich abseits und verfolgte trotzdem mit Beharrlichkeit sein Tun und Treiben. Ich war nur noch das fünfte Rad, das »liebe alte Haus«, das er noch für würdig genug hielt, ihm alle seine neuen Interessen und zarten Geheimnisse anzuvertrauen. All die kleinen pikanten Sächelchen, die ein rechter Don Juan vor den Augen der Welt verbirgt, ich wußte sie, mir vertraute er sie an, ohne daß ich danach frug. Und wenn er mir dann all diese kleinen Intimitäten unbefangen mitteilte, zerriß unsagbarer Schmerz mein Innerstes und blutenden Herzens gestand ich es mir in der Stille meiner Einsamkeit, daß ich ihn verloren hatte, ihn, den ich vergötterte, der mein alles war auf dieser Welt, dem ich alles, was mir heilig, geweiht hatte! Ich kannte meinen Willy bald nicht mehr wieder. Aus dem sinnigen, treuherzigen Jungen war bald ein pomadisierter Weiberfex geworden, der aus dem Füllhorn seiner Wohlgestalt Kapital schlug. Aber ich konnte und konnte noch immer nicht von ihm lassen, obgleich sich alle meine Empfindungen gegen sein nunmehriges Wesen aufbäumten. Ein weiteres Jahr war dahin und aus unserer phantasieumwobenen Wanderschaft war natürlich nichts geworden. Willy hatte dazu die Lust verloren, ihm schien es so am besten zu gefallen und mir war durch den Tod meines Vaters eine neue Pflicht erwachsen. Ich mußte in Gemeinschaft mit meinem ältesten Bruder für die Mutter und zwei noch unerwachsene Brüder sorgen. Obwohl das Verhältnis zwischen Willy und mir immer mehr verflachte, kamen wir doch noch sehr häufig zusammen. Ich konnte eben dieses Wesen, das ich mehr wie mich selbst geliebt, nicht so ohne weiteres aus meinem Herzen reißen. Leider sollte auch dieser Zustand nicht lange dauern, und Willy selbst war es auch hier wieder, der, wohl unbewußt, meinem Herzen den letzten brutalen Stoß gab. Eines Tages kam Willy zu mir, nahm mich auf die Seite und vertraute mir ein neues Geheimnis an. Diesmal war es ernster Natur. Er hatte sich im sorg- und schrankenlosen Geschlechtsverkehr infiziert, hatte die Sache vertrödelt und frug mich nun, da die Geschichte schlimm zu werden drohte, um meine Meinung. Er behauptete, daß er sich bei einer Prostituierten den Schanker geholt und war nun in großer Angst, wie er »das Ding« los werden möchte. Zum Arzt zu gehen, wozu ich ihm riet, hatte er keine rechte Lust. Es sei ihm »zu schenant« und koste auch gleich zu viel, meinte er. Es war das erste Mal in meinem Leben, daß ich eine Geschlechtskrankheit mit all ihren widerlichen Begleiterscheinungen kennen lernte. Begreiflicher Abscheu erfüllte mich und da er die unbedingte Notwendigkeit einer ärztlichen Behandlung nicht gleich einsehen wollte, so konnte ich ihm natürlich sonst weiter keinen Rat geben und begriff überhaupt nicht, wie er sich in diesem Fall an mich wenden konnte, da er doch in solchen Dingen zum mindesten mehr Erfahrungen hatte als ich. Ich hielt es vielmehr für angebracht, ihm allerlei Vorhaltungen zu machen. Er verteidigte sich so gut er konnte und da er trotzdem bei mir kein Verständnis fand, nannte er mich einen närrischen Kauz und gab mir schließlich den wohlgemeinten Rat, mich nicht so von allem zurückzuhalten, sondern mitzutun. »Das Leben ist so schön«, rief er aus, »und man soll es genießen, so lange man jung ist, dazu hat man ein Recht.« Dann bedauerte er mich mit meinen »ewigen Ansichten«, wurde sehr heiter und bot sich an, mich in lustige Gesellschaft einzuführen, da sollte ich das Leben erst kennen lernen, fühlen, was überhaupt leben heißt. Und hätte ich erst das »himmlische Manna« der Liebe geschmeckt, dann würde ich schon ein anderer werden, darauf schwur er einen heiligen Eid. Er nannte mich schließlich seinen lieben alten Freund, mit dem er gern »alles teilen« wolle, schwatzte noch eine ganze Weile auf mich ein und rückte zuletzt in freundschaftlichem Eifer mit folgendem Vorschlag heraus. Er wollte mir ja gern, um es mir leicht zu machen, sein neuestes »Verhältnis«, eine dralle Küchenjungfer, die in der Nähe bedienstet war, »überlassen«. Das Mädel sei »ganz toll«, immer zu haben und nehme es auch nicht so genau. Er habe schon einige Male daran »genascht« und da es mit ihm doch nun gegenwärtig nicht ginge, so wollte er mich mit ihr bekannt machen. Sprachlos starrte ich meinen ehemals Vielgeliebten an. War das mein Willy noch, der einzige geliebte Mensch, dem ich mit Freuden mein Leben zu Füßen legen wollte. So weit war es also mit ihm gekommen, so jung, so schön und eine solche Auffassung, solche Achtung vor den heiligsten Empfindungen der Menschen, das Gefühl, in dem selbst das Tier geadelt wird? Ein Gefühl endloser Leere überkam mich. Eine solche unsäglich gemeine Denk- und Handlungsweise mußte ich bei dem erleben, der bis dahin in meinem Ideenkreis den vornehmsten Platz eingenommen.

Von nun an war ich bemüht, sein Bild gewaltsam aus meiner Seele zu reißen. Ich behandelte ihn kalt, ging nie mehr zu ihm und wenn er, was auch nur noch selten geschah, zu mir kam, stahl ich mich leise aus dem Hause und überließ ihn meinen Brüdern, an die er sich bald enger anschloß. In meinem zertretenen Herzen hat es noch lange getobt und geschrien, ehe dies schönste Bild meiner Jugendträume daraus entwich. Später, nachdem wir auch örtlich voneinander getrennt, hörte ich nur noch durch meine Brüder von ihm. Er hat schließlich die Tochter eines wohlhabenden Kaufmanns heimgeführt und ist heute selbst als Inhaber eines renommierten Geschäftshauses in Leipzig ein wohlhabender Mann, der sich kaum noch seines einstigen Jugendfreundes erinnert. Wohl weiß ich, daß er von meinen ferneren Schicksalen durch meine Familie unterrichtet wurde, ich habe jedoch von ihm kein Lebenszeichen mehr erhalten. Er ist eben schnell in den Hafen der gesellschaftlichen Behaglichkeit eingelaufen. Ihn haben die konventionellen Lügen dieser Kulturgesellschaft weiter nicht behelligt.

Über die nun folgende Periode meines Lebens will ich mich bemühen weniger ausführlich zu sein. Ich begann alsbald ein höchst unsolides Leben zu führen. Im Taumel aller möglichen tollen Vergnügungen suchte ich Zerstreuung, Vergessen. Eine wilde Flucht vor der gähnenden Leere, die in meinem Inneren zurückgeblieben war, begann nun. Und von dem ungeheuren Wust der widerstreitendsten Empfindungen, die mich dann wieder plötzlich durchtobten, hin- und her geschleudert, tappte ich suchend, wie ein Blinder. Die tollste und ausgelassenste Gesellschaft ward mir bald die liebste. Eine schon ziemlich früh erwachte Vorliebe für dramatische Kunst und ein bescheidenes Talent in derselben, führte mich bald in Gesellschaften ein. In Dilettantenvereinen übte ich mit großer Hingabe meine kleinen Fähigkeiten und so bekam ich auch leicht Verkehr mit vielen jungen Leuten beiderlei Geschlechts. Ich wurde ziemlich schnell gewandt in allen Eigenschaften, die dazu gehören, in der Gesellschaft etwas zu scheinen, was man nicht ist. Ich wollte ja durchaus das »himmlische Manna« der Liebe schmecken, wovon mir Willy so begeistert erzählt hatte. Ich gab mir denn auch die größte Mühe, bei den Damen den Schwerenöter zu spielen. Denn, so dachte ich, was alle anderen mit so viel Geschick und Erfolg betrieben, warum sollte ich es nicht auch können, schließlich lag es am Ende bloß an meinem Mangel an Talent, die Gunst der Damen zu erwerben. So warf ich mich denn gewaltig in die Brust, um mich endlich zur Mannbarkeit aufzuraffen und den Hänseleien der anderen zu entgehen, die mich nur »den zarten Franz« nannten. Und um auch auf den zahlreichen Kränzchen und Bällen der Vereine in Gesellschaft der Damen bestehen zu können, ging ich auch noch in die Tanzstunde und verliebte mich – in den jungen Kellner des betreffenden Restaurants. Er war ein bildhübscher Bursche mit pechschwarzem gekräuselten Haar und ein Paar kohlschwarzen Augen, die wie Diamanten funkelten. Ich hatte nur noch Blicke für ihn und wenn ich die Tanzerei noch mitmachte, so geschah es nur, um in seiner Nähe bleiben zu können. Ich suchte Annäherung und mit überraschend schnellem Erfolg.

Neue Seligkeit zog in mein Herz ein. In kurzer Zeit waren wir vertraut miteinander. Hier war ich wieder in meinem Element, hier durfte ich lieben, das fühlte ich sofort. Welch ein Unterschied! Während ich in Gesellschaft junger Damen mich mit meiner Rolle des Schwerenöters mühsam abquälte, trat hier wieder sofort das echte

Feuer natürlicher Leidenschaft hervor. Hier gab echte Liebe das von selbst, wonach ich dort mühsam den Plan absuchte, um einen gequälten Abklatsch des »himmlischen Mannas« zu erhalten, was ich gar nicht himmlisch fand, um mich künstlich und scheinbar daran zu ergötzen, zu dem Zweck, vor den Augen der Welt als das zu gelten, was ich nicht war. Als ich die ersten schüchternen Liebkosungen wagte, fühlte ich, daß sie ihm nicht unempfindlich waren. Er erwiderte sie und jubelnd ahnte ich in meinem Liebling eine verwandte Seele. Ich widmete ihm all die Hingabe, deren nur die echte Liebe fähig ist. All die kleinen Aufmerksamkeiten, in der die Liebe so selbstlos, so erfinderisch ist, tauschten wir nun gegenseitig aus. Doch das Auge des Gesetzes wacht und der beleidigte Sittenkodex der »Normalen« im Land schrie nach Sühne. Unvorsichtig und tollkühn ist die Liebe. Eines Abends spät ereilte uns das Verhängnis, das für mein Leben so folgenschwer werden sollte. Wir wurden beide vom Wirte in einem hinteren Zimmer bei frischer Tat ertappt. Die Situation war über jeden Zweifel erhaben und wir konnten uns auch nicht mehr retten, da wir ganz unvermutet überrascht wurden. Ein unbeschreiblicher Skandal folgte. Man brüllte nach dem Arm des Gesetzes. Ich wurde festgehalten und mußte noch mit ansehen, wie der Wirt meinen Liebling brutal mißhandelte. Wahnsinniger Schmerz durchtobte mein Innerstes und zitternd bat ich um Schonung für den Armen. Willig folgte ich dann dem Diener der heiligen Gerechtigkeit. Ich befand mich in einer Art Traumzustand, sah und hörte kaum, was um mich herum geschah. Wie in nebelhafter Ferne erschien mir alles. Und immer weiter und weiter rückten Welt und Menschen von mir ab, so daß ich sie nicht mehr erkennen konnte. Zwei Monate saß ich in Untersuchung, ich begriff nicht, weshalb, da ich alles eingestanden hatte. Was ich in dieser Zeit einsamer Zellenhaft ausgestanden, genügte, um mich vollständig niederzuschmettern. Mit all ihrer Schärfe hielt die beleidigte Moral ihr Strafgericht über mich. Nichts blieb mir an Demütigungen erspart. Schon auf dem Polizeipräsidium schallte mir die Stimme des diensttuenden Beamten entgegen: »Ein Päderast! Ein Päderast! In Einzelhaft mit dem!« Ich hatte keine Ahnung von der Bedeutung dieses Wortes. Aber die Art, wie mir dies offenbar inhaltsschwere Wort entgegengeschleudert wurde, ließ mich ahnen, welch ein verabscheuungswürdiger Verbrecher ich sein mußte. In ohnmächtiger Verzweiflung wand ich mich auf dem Boden meiner einsamen Zelle. War ich denn wirklich eine so schändliche Kreatur? Wen hatte ich denn beleidigt, wem etwas genommen, wem hatte ich ein Leid zugefügt? In meiner hilflosen Verwirrung vermochte ich keinen klaren Gedanken zu fassen. Verbrecher, Verbrecher, Päderast! höhnte es mir nur immer in die Ohren. »Bedenke doch, was du nun geworden bist!« so hieß es in dem Briefe, den mein ältester Bruder unter dem Eindruck der Nachricht meiner Verhaftung an mich geschrieben und in dem er sich im Namen der ganzen Familie von mir lossagte. In meiner grenzenlosen Verzweiflung über alles dieses reckte ich schließlich die Arme gen Himmel und erflehte von

Gott irgendeine Gewißheit, wie weit die Größe meines Verbrechens reichte. Aber der Himmel rührte sich nicht und ich fand nicht einmal Trost in der tränenvollen Buße und Reue, der ich mich in kraftloser Zerknirschung nun hingab. Ich wußte ja nicht, was ich eigentlich büßen sollte, bei wem ich um Verzeihung für zugefügte Schmach betteln sollte. Die Stunde meiner Aburteilung schlug und hier sah ich meinen Liebling wieder. Bei seinem Anblick brach ich in Tränen aus. War er es am Ende, dem ich Beleidigung und Schande zugefügt?

Aber, o Wunder, als wir beide vor der Balustrade nebeneinander standen, um unseren Richtern Rede und Antwort zu stehen, fühlte ich plötzlich seine Hand in der meinen, die er einen Moment zärtlich und verstohlen drückte. Da zog es einen Augenblick wie stiller Friede durch meine Seele und ruhig und gefaßt antwortete ich auf die Fragen des Präsidenten. Freilich, nur einen Augenblick bewahrte ich meine Fassung, dann war es wieder vorbei, als der Herr Staatsanwalt für mich, als den Verführer, nach § 175 des Str.-G.-B. eine empfindliche Strafe verlangte. Ich bat und flehte und erklärte unter Schluchzen, daß ich meinem Freund niemals etwas habe »zuleide tun« wollen. Und die Herren Richter lächelten über meine naiven, fortwährenden Beteuerungen. Ich wurde schließlich unter Annahme von mildernden Umständen zu 6 Monaten Gefängnis verurteilt. Adolf kam, weil er nur der duldende Teil und der von mir »Verführte« war, mit sieben Tagen davon. Außerdem wurde auch wohl auf seine Jugend Rücksicht genommen, er war noch nicht ganz 16

Jahre alt. Ich hatte mich um das Alter meines Freundes nie bekümmert, hielt ihn aber für bedeutend älter. Er machte in jeder Beziehung den Eindruck eines mindestens 18jährigen, war ebenso groß wie ich und körperlich viel mehr entwickelt. Die Täuschung über sein Alter mochte umso leichter sein, als er auch die Entwicklung zur Pubertät bereits hinter sich hatte. Ich konnte deshalb auch mit gutem Gewissen dem Herrn Präsidenten auf seine Frage antworten, daß ich mich im Alter meines Freundes getäuscht hätte. Das hatte mir denn aber weiter nichts genützt, am Urteil änderte das ja nichts. Ich wurde wieder abgeführt und hatte gerade noch so viel Zeit, einen letzten Scheidegruß von ihm aufzufangen, einen stillen Blick liebevoller Teilnahme für mich. Diesen stummen Blick habe ich als einzigen Trost mit in mein Gefängnis genommen. Ihn, das wußte ich nun, hatte ich nicht beleidigt, er grollte mir nicht. Ich habe ihn nie wiedergesehen, diesen herzigen, schwarzäugigen Jungen, meine späteren Nachforschungen nach ihm blieben resultatlos. Ich bin überzeugt, er hat nur gut von mir gedacht. – Der Mensch fügt sich in alles, auch in das anfänglich Unfaßbare. Ich ertrug meine sechsmonatliche Einzelhaft verhältnismäßig gut und wurde zuletzt von dem Aufseher des »Flügels A«, der ein halbes Jahr mein Domizil war, mit einigen wohlwollenden Worten entlassen und mit dem guten Rat, mich fürderhin »in Obacht zu nehmen«, damit ich nicht zu bald wieder käme. Gerührt drückte ich dem alten Manne die Hand und trat in die goldne Freiheit mit dem festen Vorsatz, nun ein »anderer«, ein »besserer«

zu werden. Hatte ich nicht in der langen Zeit der Sühne bewiesen, wie man sich beherrschen kann? Hatte ich nicht die 6 Monate vollständig keusch zugebracht? – Ich kannte die Onanie sehr wohl, doch nicht ein einziges Mal war ich ihr in der ganzen Zeit zum Opfer gefallen. Ja, ich wollte und mußte wieder ein guter Mensch werden. Hätte ich nur damals schon klar genug die unabweisbare Bestimmung meiner Geschlechtsnatur begriffen. Ich hätte wohl in jenen oft durchwachten Nächten im Gefängnisse die Kraft gefunden, ein Ende zu machen mit einem Dasein, so dunkel und reuevoll bis auf den heutigen Tag.

Inwieweit ich später ein besserer, ein anderer Mensch geworden, mag der Leser aus dem weiteren Fortgang meines Lebens entnehmen.

Meine Familie nahm mich in Gnaden wieder auf, man verzieh mir, wie man sagte, um meinetwillen. Ja, mein ältester Bruder hielt es von da ab für eine Art väterlicher Pflicht, mich wieder auf den rechten Pfad der Sitte und Tugend sorgsam zurückzuführen. Er fing an, mich auf Schritt und Tritt zu bewachen. Er hatte das Glück, eine vermögende Frau zu bekommen und nun ging seine brüderliche Fürsorge so weit, im Einverständnis mit den Verwandten seiner Frau mir einen kleinen Geschäftsbetrieb einzurichten, der in mein Fach schlug. Ich nahm alles dankbar an, geschah doch alles zu meinem Besten. Die Sache klappte auch im Anfang ganz gut. Ich fühlte mich bald wieder und gefiel mir in meiner Eigenschaft als selbständiger Geschäftsmann, war fleißig und suchte mein Geschäft hochzubringen. Doch ich hatte meine

Rechnung ohne mich selbst gemacht. Abgesehen davon, daß es ja an und für sich schon ein Mißgriff war, einem jungen Menschen von kaum 21 Jahren Führung und Verantwortung über ein Geschäft anzuvertrauen, mit deren sachgemäßer Leitung eine gereiftere Manneskraft vollauf zu tun gehabt hätte, so war ich doch, meiner ganzen natürlichen Veranlagung nach, viel zu sehr Gefühlsmensch, als das ich auf die Dauer einen brauchbaren Geschäftsmann abgegeben hätte. Wohl hatte ich so etwas wie eine dunkle Ahnung davon, daß auf mich noch kein Verlaß war. Wohl meinte ich im stillen dies und das, aber sollte ich meinem Bruder meine eigene Unfähigkeit und Schwäche eingestehen, sollte ich ihm offen sagen, daß mir diese seine Wohltat im Grunde eigentliche Plage sei? Welche Antwort hätte ich bekommen? Sie konnte nicht zweifelhaft sein. Und hatte ich überhaupt eine Meinung zu haben? Als ein in Gnaden wieder aufgenommener Missetäter mußte ich dankbar und froh sein, daß mir mein liebevoller Bruder Gelegenheit verschafft hatte, mich wieder »ins Geleise« hinein zu bringen. Er meinte es zweifellos gut mit mir, also hatte ich, das fühlte ich wohl, die Pflicht, mich zu fügen. Ich mußte stillhalten und mich bescheiden, denn sie alle waren »besser« als ich. Mein Bruder ließ es sich angelegen sein, über mein Schicksal zu wachen. Er achtete beständig und sorgfältig darauf, daß ich meine geschäftlichen Pflichten nicht versäumte und ich gab mir die größte Mühe, ihm keinen Anlaß zur Unzufriedenheit zu geben. Aber weiter hinaus ging auch sein Einfluß nicht, weiter reichte die Kraft seiner Autorität nicht. Er war wohl in der Lage, mich aufmerksam zu bewachen, aber einsperren konnte er mich füglich nicht und mir, dem 21jährigen, das fühlende Herz aus dem Busen zu reißen, das vermochte er freilich auch nicht. Und so kam es denn, wie es wohl kommen mußte.

Ich hatte natürlich nicht die Kraft, lange mit mir allein herumzulaufen, mein Herz verlangte nach einem Wesen, das ich lieben könnte. Bald fand ich es in der Person des jungen Angestellten eines benachbarten Geschäftes. Es dauerte auch gar nicht lange, so hatten wir Freundschaft geschlossen. Die fürsorglichen Schwiegereltern meines Bruders, in Gemeinschaft mit meiner guten Mutter, hatten zwar bereits für eine »passende« Partie gesorgt und ich hatte mirs auch zur Pflicht gemacht, dieser jungen Dame recht fleißig den Hof zu machen. Das Mädchen war sonst nicht übel, hatte etwas Vermögen, mit diesem sollte sie »ins Geschäft hineinheiraten«, so hatten es meine Verwandten beschlossen. So schnell, wie ich hier eine Braut angewiesen bekam, wäre ich niemals imstande gewesen, mir selbst eine zu erobern das fühlte ich, darum war ich auch eifrig dabei, ich hatte es mir ja selbst gelobt, den »dunklen Fleck« aus meiner Vergangenheit möglichst zu tilgen. Ich war sehr aufmerksam gegen meine Braut, sagte ihr viel Artigkeiten und machte ihr Geschenke. Das hinderte mich aber durchaus nicht, mich mit meinem neuen Freund viel mehr abzugeben als mit meiner Braut. Er war ein ausgezeichneter junger Mann mit guten Manieren und einem natürlichen Wesen. Im trauten Beisammensein mit ihm entschädigte ich mich für alle Beklemmungen und Unbehaglichkeiten, die ich stets in Gesellschaft meiner »Angebeteten« empfand. Ich will kurz sein. Die Sache gedieh so weit, daß uns eines Tages ein argwöhnisch gewordener Nachbar, in meinem eigenen Geschäftslokal, durch den Türspalt beobachtet hatte. Der Mann schlug Lärm und benachrichtigte sofort meine Familie. In kopfloser Bestürzung floh ich, so wie ich ging und stand, zum nächsten Bahnhof und fuhr zu Verwandten meines Vaters nach M. Diese telegraphierten an meinen Bruder und verlangten Aufklärung, da ich jede Auskunft verweigerte. Bald erschien mein Bruder, setzte meine Verwandten von allem in Kenntnis, sagte sich abermals und diesmal für immer von mir los, indem er mich einen Ehrlosen und Undankbaren nannte, der nicht wert sei der Achtung anständiger Menschen. Meine Verwandten taten ein übriges, man überließ mir aus Menschlichkeitsrücksichten eine kleine Summe Geldes und so mußte ich augenblicklich das Haus verlassen.

Planlos irrte ich eine Zeitlang in der fremden Stadt umher. Die Angst vor Verfolgung trieb mich wieder zum Bahnhof und so floh ich mit dem nächsten Zug über die holländische Grenze, kam bis Amsterdam und irrte, der Sprache des Landes nicht mächtig, hilflos umher. Von jeder Verbindung mit der Welt losgerissen, stand ich nun da und fing an zu überlegen. Die Liebe zum Leben trieb mich weiter. Ich fing nun an zu Fuß durch endlose mit Schnee bedeckte Felder und Wiesen, über zugefrorene Kanäle, von Ort zu Ort zu wandern, mir durch stummes Betteln weiter helfend. In G....., einer mittelgroßen holländischen Stadt, geriet ich, halb verhungert, von allem entblößt, todesmüde in einen Gasthof, wo viele Deutsche verkehrten; hier vernahm ich die süßen Laute meiner Muttersprache wieder. Es schien ein Labsal von zweifelhafter Qualität zu sein, denn es stellte sich heraus, daß die Inhaberin und die weibliche Bedienung meist spät nachts allerlei Gäste empfingen, mit denen bis zum hellen Morgen wüste Orgien gefeiert wurden, wobei die Wirtin mit ihren Helferinnen anscheinend gute Geschäfte machte. Ich hatte Gnade vor den Augen der fetten Inhaberin dieser Höhle gefunden. Sie schien Mitleid mit meiner Lage zu haben und da sie auch etwas deutsch sprach und ich ihr einen ganzen Roman von der Ursache meiner Anwesenheit vorgelogen hatte, so konnte ich vor der Hand dableiben als Hausbursche, Gläserspüler usw. Mir war alles egal, nur weiter leben, mochte kommen was wollte. Das Leben, wie es sich nun hier in der Folge vor meinen Augen abspielte, lieferte mir einen ungefähren Begriff, in welch unsäglich niedriger Weise sich oft das normale Geschlechtsleben der Menschen abspielt. Beispielloser Ekel erfaßte mich hier vor der Art, mit der hier die Menschen sich der »normalen« Liebe hingaben. Ich war der einzige männlich Bedienstete im Hause und hatte bald heraus, daß meine würdige Herrin mehr von mir verlangte als bloße Dienste für das Haus und die Gäste. Ein fürchterlicher Schrecken packte mich bei dieser Erkenntnis. Mir schauderte vor dem Gedanken, längere Zeit hier unter diesen Menschen weilen zu müssen. Aber ich hatte gar keine Ursache, mich zu beklagen, war ich doch selbst ein aus der Gesellschaft aller anständigen Menschen Ausgeschlossener. Wohin sollte ich auch in dieser fremden Welt, in der ich vollständig einsam stand. Ohne irgendwelche Mittel konnte ich doch überhaupt nicht weiter kommen. Und als Landstreicher würde ich sehr bald in die Hände der Polizei geraten. Dann aber war es doch sicher um mich geschehen, denn wenn jener menschenfreundliche Nachbar die Sache angezeigt, so war sicher ein Steckbrief hinter mir; welche Aussichten eröffneten sich da für mein Leben! – Und zum Sterben war ich zu feige. Sterben, wenn man noch so jung ist. War nicht die Welt trotz alledem schön? Ich fügte mich deshalb, so gut es ging, in meine Lage, wich den zudringlichen Freundlichkeiten meiner Herrin geschickt aus und war nur still und zähe darauf bedacht, etwas Mittel in die Hand zu bekommen, um möglichst bald fort zu kommen aus dieser Höhle, in deren Pesthauch ich zu ersticken fürchtete. Nach vierzehnwöchentlichem Aufenthalt war ich denn auch wieder unterwegs. Ich hatte mir in dieser traurigen Zeit, unter allerlei Entbehrungen von meinem geringen Lohn, eine kleine Summe erübrigt, mit der ich hoffte, irgend eine Küstenstadt zu erreichen. Dort wollte ich mich als Kohlenzieher oder sonst als dienstbarer Geist auf irgend einem Schiff ohne weitere Barmittel nach Amerika hinüberarbeiten. Ich hatte diesen Plan in meinen einsamen, oft schlaflosen Nächten sorgsam durchdacht. Ich hatte in Erfahrung gebracht, daß in Küstenstädten sogenannte »Heuerbase« ihr Wesen treiben, die ein schwunghaftes Geschäft daraus machten, Auswanderungslustigen mit Rat und Tat an die Hand zu gehen in der Erlangung günstiger Überfahrtgelegenheit. Auch solche Leute, die in ähnlicher Lage, wie ich, sich befanden, »verheuerten« diese Leute auf irgendein Schiff, damit sie so ohne große Barmittel das »gelobte Land«, nach der Versicherung dieser Heuerbase, sicher erreichten. Dort in dem freien Lande, in der neuen Welt, wollte ich dann abermals ein neues Leben, ein »besseres« beginnen. Von neuem hatte ich mir selber hoch und teuer zugeschworen, nunmehr meiner unseligen Leidenschaft zu entsagen. Zähneknirschend verfluchte ich meine erbärmliche Schwäche, die mich hatte zum Sklaven einer Neigung werden lassen, die alle Welt als verbrecherisch bezeichnete. Ich glaubte ihnen, wenn sie sagten, es sei ein Verbrechen, sich mit »so was« zeitlebens unglücklich zu machen. Hatte ich nicht den Frühling meines Lebens damit zerstört? – Sprach doch jedermann mit Verachtung und Hohn von diesem abscheulichen Laster, für das manche die Prügelstrafe empfahlen. Wie ungeheuer schlecht und erbärmlich kam ich mir vor. Nun aber sollte, nun mußte das alles anders werden, wenn ich erst »drüben« sein würde. Dort, wo mich niemand kannte, wollte ich versuchen auf andere Art vielleicht wieder glücklich zu werden, wie tausend andere. Mit gutem Gewissen darf ich sagen, ja, ich habe es redlich versucht, ein »anderer« zu werden. Ich bin es nicht geworden. Bin bis heute der alte geblieben. Gefängnis, Flüche, Tränen, Gebete, Schwüre, Hunger und Entbehrungen, ja selbst die letzte tiefste Erniedrigung, die einem Menschen widerfahren kann, körperliche Mißhandlungen, die mir auf jener schrecklichen Ozeanfahrt nicht erspart geblieben sind, sie alle hatten nicht vermocht, die Liebe zu meinem eigenen Geschlecht zu ertöten. Und ob alle diese unsäglichen Leiden, Geist und Seele in beispiellosem Maße quälten und folterten, der gewaltsam hin- und hergehetzte Körper schier bis auf den Rest ausgemergelt wurde, siegreich ist die Natur über dies alles hinweggeschritten und verlangt, nach wie vor, gebieterisch die Erfüllung ihrer Rechte.

Ich will den Leser nun nicht mehr allzulange mit den Einzelheiten meiner weiteren Erlebnisse ermüden. Die körperlichen und seelischen Qualen, die ich auf all den Irrfahrten zu erdulden gehabt, alle ausführlich zu schildern, fühle ich mich außerstande. Sie haben bei mir den Grundstein gelegt für eine stete nervöse Empfindlichkeit, unter der Körper und Seele fortgesetzt zu leiden haben. Namentlich war es der fürchterliche, wenn auch nur kurze Aufenthalt auf jenem Schiffe, auf welchem mich ein schuftiger Heuerbas als Kohlenzieher verdingt hatte, der nach meiner Überzeugung ein bis heute regelmäßig wiederkehrendes Leiden (Rheumatismus) in meinem Körper zurückgelassen hat. Mein Vorhaben, nach Amerika auf diesem Schiffe zu kommen, war gescheitert. Ich war zu dumm und unerfahren für solche Finessen und mußte die Reise unfreiwillig als Kohlenzieher wieder zurück machen. Kaum an deutschen Gestaden angelangt, entfloh ich, halb wahnsinnig von den unmenschlichen Strapazen und beispiellos roher Behandlung bei Nacht und Nebel, von dieser schwimmenden Hölle. Von einer zweiten solchen Reise nach Amerika war ich gründlich geheilt. Ich hätte dem denn doch den Tod vorgezogen. Ruhelos zog ich nun wieder durchs Land, von Ort zu Ort, was nun mit mir geschehen würde, war mir gleichgültig. Ich blieb jedoch während meiner ganzen Wanderzeit von der Polizei unbehelligt, ein Steckbrief gegen mich existierte wohl demnach nicht. Nachdem ich auf meinen Irrfahrten in unzähligen Städten und Ortschaften mich durch allerlei Beschäftigungen redlich arbeitend durchgeschlagen und meinen äußeren Menschen wieder in Ordnung hatte, konnte ich endlich wieder in meinem jetzigen Aufenthaltsort festen Fuß fassen. Jahre waren darüber hingegangen und meine Familie hatte bis dahin kein Lebenszeichen von mir erhalten. Wieder in meinem erlernten Geschäft tätig, erlangte ich nach und nach eine gewisse Sicherheit. Ich lebte still und zurückgezogen für mich hin, ging fast nie aus und beschäftigte mich in meinen vielen einsamen Stunden damit, alles zu lesen, was mir nur in die Hände fiel. Ich führte so mit meinen Büchern im stillen Stübchen ein beschauliches Dasein.

Aber nicht lange dauerte dieser Zustand. Wohl hatte ich mir vorgenommen, fürderhin die Gesellschaft der Menschen möglichst zu meiden, namentlich war ich ängstlich bemüht, nicht mit jungen Leuten meines Geschlechts zusammen zu kommen. Darin lag ja nun freilich die einfachste Bestätigung meines noch völlig unveränderten Geschlechtszustandes. Aber statt durch fleißiges, rücksichtsloses Nachdenken zur endlichen Klarheit über meine geschlechtliche Verfassung zu kommen und in deren Konsequenz wenigstens einigermaßen mein Leben einzurichten, vermied ich es vielmehr nun ängstlich, an alle diese Dinge auch nur einen Augenblick zu denken. Ich glaubte durch die eiserne Standhaftigkeit, mit der ich das Denken und die Gelegenheit von mir ferne hielt, das beste Schutzmittel gewonnen zu haben, durch das ich von fernerem Unglück bewahrt blieb. So verbiß ich mich in einem fortwährenden Abwehrkampf gegen meine Leidenschaft. Ich hatte mich noch nicht soweit zur geistigen Freiheit durchgerungen, daß ich mich hätte von der üblichen Meinung der großen Masse emanzipieren können. Ich fühlte mich abhängig von ihr und hielt in Wahrheit meine Neigung für verbrecherisch, so daß ich glaubte, sie mit diesen Mitteln erfolgreich bekämpfen zu können. Die äußeren Umstände schienen mir günstig in meinem Vorhaben. Ich kam durch einen Kollegen, der mich einst zur Kirmeß in sein Heimatsdorf lud, mit dessen Familie in nähere Berührung. Das kleine Dörfchen lag in reizender, romantischer Umgebung, an der Weser hingestreut, war von der Stadt, wo ich wohnte, nicht allzuweit entfernt und mit der Bahn allsonntäglich bequem zu erreichen. Als schwärmerischer Naturfreund zog es mich mächtig hin zu diesem kleinen idyllischen Nestchen. Ich fing an regelmäßig dies Dörfchen aufzusuchen und lernte nun hier in der Familie meines Kollegen dessen Schwester kennen. Sie führte, da die Mutter unlängst gestorben war, dem Vater den Haushalt. Die Familie war groß. Drei erwachsene Geschwister arbeiteten in der Umgegend und drei unerwachsene hatte sie im Hause zu überwachen. So lernte ich dies echte Naturkind kennen, wie es treu und umsichtig waltete in dem kleinen Anwesen; es war ihrem Vater und den zahlreichen Geschwistern eine sorgsame Hausfrau und liebevolle Pflegerin. Eine ungemein frische, sympathische Erscheinung, gefiel sie mir mit der Zeit immer mehr. Ich genoß bald das Vertrauen der Familie und ging darin ein und aus. Es gefiel mir so unendlich wohl in diesem kleinen Ort, inmitten der herrlichen Natur. Ich streifte in dem nahen Walde umher, lag stundenlang an dem Ufer der Weser, oder machte mir im Garten und Feld zu schaffen. Und wenn Sonntags nachmittags Vater und Brüder das Gasthaus im Dorfe aufsuchten, dann leistete ich der Schwester meines Kollegen Gesellschaft, wenn sie einsam zu Hause die jüngeren Geschwister hütete. So lernte ich auch Wesen und Charakter dieses trefflichen Mädchens kennen, an denen ich schließlich nur angenehmes finden konnte. Ich war nie im Leben ein fanatischer Weiberfeind und wußte Schönheit, Tugend und natürliche Anmut beim Weibe wohl zu schätzen. Hier aber fand ich alles in seltenem Maße vereinigt. In der Person dieses Mädchens schien mir plötzlich ein Fingerzeig gegeben, meinem ferneren Leben sittlichen Halt wiederzugeben. Ich hatte zurzeit keinen männlichen Verkehr und war, seit ich diesen Ort entdeckt, ganz stadtfremd geworden, arbeitete nur noch in der Stadt und *lebte* auf dem Lande. Hier in der Stille der Natur, unter den Kindern der Natur, hatte ich den langersehnten Frieden wiedergefunden. Ich wurde der Freund und Berater Mathildens, half ihr getreulich bei allen möglichen häuslichen Angelegenheiten. Bald war es im Dorfe ausgemachte

Sache, daß ich Mathildens Mann werden würde, und ich tat nichts, um diese Meinung zu entkräften, im Gegenteil, sie schmeichelte meiner Eitelkeit und ich war fest überzeugt, Mathilde würde meine Hand nicht abweisen. Ich war stets artig und taktvoll in meinem Benehmen ihr gegenüber und hielt mich körperlich in respektvoller Entfernung von ihr, was mir leider nicht schwer fiel. Ich genoß deshalb ihr unbegrenztes Vertrauen, wir waren wie Geschwister und ich war in die Angelegenheiten der Familie bald besser eingeweiht, als selbst ihre Geschwister. Ach, hätte sie mir nie dieses Vertrauen geschenkt, hätte sie mich abgewiesen, ihr und mir wäre wohler gewesen. Ich aber bildete mir ein, dieses Mädchen zu lieben, redete mir selbst beständig zu mit allen möglichen Phrasen vom häuslichen Herd und Geldeswert – belog mich selbst, indem ich vor meinen eigenen schüchternen Bedenken behauptete, daß diese Heirat der einzige Weg sei, um im Leben noch einmal glücklich zu werden. Was habe ich mir nicht alles vorgelogen, um endlich den vermeintlichen Frieden zu finden, nach dem ich mich so sehr sehnte. Ich ließ nun ein erstes Lebenszeichen an meine Familie daheim gelangen, indem ich einen langen de- und wehmütigen Brief an mein Mütterchen richtete. Sie war nur meine Stiefmutter, aber ich hatte ihr stets eine innige Liebe und Anhänglichkeit bewahrt. Ich gab in dem Brief einen ungefähren Überblick meiner Schicksale von jenem Tage an, da ich sie verlassen mußte, bat alle um Verzeihung, und wenn es ihnen möglich sei, mich wieder als Mitglied der Familie anerkennen zu wollen; teilte auch, nicht ohne einiges Selbstbewußtsein mit, daß ich mir jetzt eine achtbare Existenz begründet und im Begriff stände – mich zu verloben und bat schließlich um ihren Rat und um ihren mütterlichen Segen. Nach kurzer Zeit erhielt ich Antwort von meinem Bruder. Alles war hocherfreut von meinem Lebenszeichen und namentlich von meinem Entschluß. Man gratulierte mir, wünschte mir Glück, alles sollte vergessen und vergeben sein, denn ich hätte ja nun bewiesen, daß ich ein anderer geworden. Mein Bruder gab mir den Rat, ja nicht mehr länger mit der Heirat zu warten, kündigte mir an, mich baldmöglichst aufzusuchen, um sich von meinem Glück zu überzeugen. »Du glaubst nicht, wie ich mich freue,« so hieß es am Schluß seines Briefes, »daß wir dich als Menschen wiedergefunden, der nun wieder als vollberechtigtes und nützliches Glied in die Gesellschaft aufgenommen werden kann. Dadurch, daß du dich der Liebe zu einem Weibe hingegeben, hast du deinen Beruf als Mann und Geschlechtswesen der Gesellschaft gegenüber erfüllt, und hast ein Recht, wieder unter Menschen zu erscheinen.« (!!!) Wenn ich ehrlich sein will, so kann ich nicht sagen, daß dieser Brief meines Bruders in meinem Herzen einen völlig harmonischen Widerhall gefunden hätte. Es lag in ihm etwas, was ich nicht recht definieren konnte. Nur soviel wußte ich, damals, als ich Willy und nachher Adolf liebte, war ich doch auch gewissermaßen ein Mensch gewesen. Aber immerhin, der Brief freute mich sehr und beseitigte meine letzten Bedenken. Ich verlobte mich. Und als ich bald darauf im näheren Umgang mit meiner Braut ein leidenschaftliches, heißbegehrendes Weib vorfand, dessen jungfräuliche Liebesglut mir den normalen Koitus leicht machte, da freute ich mich ganz unbändig und war nicht wenig stolz auf meine Manneskraft. Um endlich zum Schluß dieser Bekenntnisse zu gelangen: Mathilde ist mein Weib geworden, und so lange wir nebeneinander durchs Leben wandeln, bin ich ihr nicht einen Augenblick treu geblieben. Das bißchen Reiz war bald entschwunden. Er war bewußt und planmäßig herbeigezogen und künstlich genährt, war eine Art Onanie, war nicht die Liebe, das große heilige Feuer, das aus den dunklen Tiefen der Menschenseele emporlodert, mächtig und unmittelbar, mit leuchtenden Flammen das geliebte Wesen gleichsam verklärt und mit heißem Odem erwärmt. Ein elender Abklatsch, ein Popanz war es, der sich heuchlerisch Liebe nennt und im Grund nur Eigenliebe ist, die für ihren feigen Schwindel eine legitime Unterlage benötigt. O ja, ich leugne es nicht, ich war feige, unendlich feige, daß ich der lügnerischen Ehrenretterei das Glück meines Lebens zum Opfer brachte und schlecht dazu, daß ich ein rechtschaffenes, braves Menschenkind damit an mein Dasein kettete und auch ihm die Blüten seines Lebenslenzes stahl.

Allzu langsam ist mir der Schleier von den Augen gesunken und als ich endlich nun mein eigenes Selbst im Lichte der Erkenntnis sah, da war es leider zu spät. Neue Fesseln habe ich mir durch diesen unseligen Schritt auferlegt, ein Zurück gibt es nun nicht mehr und vorwärts? – wo wollt ich denn da hin? Da müßte ich ja erst ein »anderer« werden. Wer ratet mir? Soll ich meinem armen

Weibe, das mir rechtschaffen und treu bis jetzt gedient, »reinen« Wein einschenken? Die sorgsame Hausfrau und die zärtliche Mutter meiner Kinder hinausstoßen in die Welt, indem ich das Band gewaltsam durchschneide, das uns vor den Augen der Welt bindet. Solche gigantische Kraftleistung mag man von mir nicht eher verlangen, bis man mir sagen kann, was damit für uns beide, für unsere Kinder gewonnen. Unsere Kinder, jawohl, zwei herzige kleine Wesen sind diesem Scheinbunde entsprossen. Jeder Homosexuelle, der los und ledig ist, mag sich wundern, wie ein Homosexueller dazu kommen kann. Aber jeder, der in ähnlicher Lage sich befunden, wird nichts Verwunderliches darin finden. Ich liebe meine Kinder, die beide aus den ersten zwei Jahren meiner Ehe stammen, und umgebe sie mit aller Sorgfalt, die in meinen Kräften steht; sorge für mein Weib nach bestem Können. Und doch muß ich sie ständig betrügen. Überall gelte ich als der beste Gatte und Vater meiner Familie. Und beständig breche ich die Ehe. Habe ich das Glück, einen jungen, starken, edlen Freund zu treffen, dann kennt meine Freude keine Grenzen. All mein Leid, all die düstren Tage, die ich auf dem qualvollen Weg meines Lebens, an der Seite eines hochgeachteten, aber ungeliebten Weibes durchwandern muß, sie sind vergessen. Vergessen ist meine Gefangenschaft, in der ich mein Dasein vertrauern muß im Kreise meiner »Familie«, vergessen alle Gesetze der moralischen Gesellschaft. Ich schreite unaufhaltsam weiter auf der Bahn des – »Verbrechens«. Denn ich kann ja nicht anders das Glück wirklicher Liebe finden, als im »Verbrechen«.

Wo ich hinblicke, nichts als Sünde, und wollte ich diesem unsäglichen Zustand ein ewiges Ziel setzen, dann erst wird mir der Fluch, Verbrecher, noch übers Grab geschleudert werden. Was also kann ich tun? Ich werde weiter zu leben versuchen, um weiter zu sündigen.

Die Liebe ist so groß, so erhaben, so edel, sie vermag alles und gibt auch mir immer von neuem die Kraft des Lebens wieder. Ja der Eindruck, den die licht- und kraftvolle Gestalt eines edlen Jünglings auf mich hervorzubringen vermag, lockt sogar noch hier und da ein paar einfache und schlichte Töne von meiner längst verrosteten Leier.

So erst vor kurzem, als ich auf einem Abendessen einen jungen Handwerker kennen lernte: Ein schöner Jüngling mit seltenen Geistesgaben, wie er mir ähnlich immer im Geiste vorschwebte. Er zeigte sogleich am Abend unserer Bekanntschaft tieferes Verständnis als alle anderen für meine bescheidenen Darbietungen, durch die ich zur Unterhaltung der Gesellschaft beizutragen suchte. Wir kamen in ein kleines Gespräch und ich war überrascht und erstaunt über die Tiefe seiner Begriffe über Ästhetik und Kunst sowie über die Kraft seiner Lebensanschauung. Ich war sofort von diesem starken Charakter gefangen. Selbst Arbeiter, war ich freudig bewegt, auch unter meinesgleichen einen so fein empfindenden und edel denkenden jungen Mann entdeckt zu haben. Ich suchte näheren Verkehr, besuchte ihn in seiner Wohnung, wo ich ihn stets lesend oder malend, auch musizierend – er spielte gut die Klarinette – antraf. Ich war entzückt und verliebte mich unsterblich in dieses herrliche Wesen. Eine neue Sonne schien über mein düsteres Dasein aufgegangen. Ich hatte nur noch Gedanken, Sinne, Interesse, Zeit für ihn. Mein armes Weib, die von dieser neuen Liebe, mit der ich sie betrog, natürlich keine Ahnung hatte, konnte gar nicht begreifen, was in mich gefahren war. Ich vernachlässigte alle meine sonstigen Obliegenheiten. Ich suchte ihm erst zu verheimlichen, daß ich verheiratete sei, bald jedoch fügten es die Umstände, daß ich ihm die Wahrheit sagen mußte. Lächelnd meinte er, es täte ihm leid, daß er das nun wüßte. Denn nun könne er doch meine Zeit, mein Interesse für ihn nur in halben Portionen in Anspruch nehmen, die größere Hälfte gehöre meiner Familie. Und als ich ihm eifrig erwiderte, das käme garnicht in Betracht, da schaute er mich lange an und warf die Worte still und leicht hin »Hättest dich nicht verheiraten sollen« – ich war fassungslos, durchschaute er mich, hatte er in meiner Seele zu lesen verstanden? Hier fühlte ich, war ich der Schwächere, aber gerade deswegen liebte ich ihn um so mehr. Lange haben wir an jenem Abend noch zusammen gesessen und langsam aber sicher bin ich in seine Seele eingedrungen. Und als ich bald darauf das erste Zeichen der Liebe, den Kuß von ihm begehrte, lehnte er zuerst ruhig und bestimmt ab, und ich hatte zu viel Achtung und Respekt vor seiner Person, als daß ich hätte weiter in ihn dringen wollen. Später hat er mir dieses Zeichen gern und freudig gewährt. Fester und immer fester schlossen wir uns dann zusammen. In ungetrübter Harmonie gingen unsre Seelen ineinander auf. Als Geschlechtswesen normal, hat er mir doch in hingebender Freundschaft das höchste Glück der Liebe gewährt. Er fühlte sich nicht dadurch mit Schmach und Schande bedeckt. Er war frei und unabhängig genug im Geiste, meine Empfindungen, meinen Zustand zu begreifen. Und konnte er auch meine leidenschaftliche Liebe nicht mit derselben Glut erwidern, so war er doch sichtlich bemüht, durch verdoppelte treue Anhänglichkeit, durch wahrhaft hochherzige Freundschaft und Teilnahme für meine traurige Lage, diesen Mangel wett zu machen. Leider währte mein Glück nicht lange. Durch mein Verhältnis mit ihm drohte mir ein ernster Konflikt mit meiner Familie. Ich verwendete natürlich meine freie Zeit nur für ihn. Seine Person beherrschte nur noch allein meinen Ideenkreis. Ich überließ Frau und Kinder sich selbst, sorgte nur materiell für sie, und war im übrigen stets bei meinem Ludwig anzutreffen. Er selbst hat mich im Kreise meiner Familie nur ein einziges Mal besucht. Er hatte, feinfühlend wie er war, die Situation bald begriffen und achtete darin gewiß nur die Meinen. So war ich denn stets bei ihm. Wir musizierten, lasen, studierten und philosophierten miteinander. Die Sache wurde zu auffällig und Ludwig bat mich, meine Besuche einzuschränken. Dazu war ich natürlich nur in ganz geringem Maße imstande. Meine Frau mußte mich öfter aus seiner Wohnung abholen lassen. Kurzum, es gab ernsthafte Auseinandersetzungen zwischen mir und meiner Frau. Dies alles merkte Ludwig und eines Tages überraschte er mich mit der Mitteilung, daß er die Stadt verlassen wolle. Seine Eltern hatten geschrieben, er solle in die Heimat zurückkehren. Ich war wie vom Schlage gerührt, mich von diesem Menschen trennen, das war ja rein unmöglich. Mein erster Gedanke war – ich scheue mich nicht, ihn hier niederzuschreiben – ich wollte ihn begleiten und sprach diese Absicht sofort aus. Ruhig und bestimmt verbot er mirs und brachte mich durch sein liebevolles Zureden wieder zur Vernunft zurück. Nur seiner ruhigen, festen Besonnenheit habe ich es zu danken, daß es keine Katastrophe gab. Er versicherte mir zuletzt, daß er mir dann seine Freundschaft und Achtung versagen müsse, wenn ich ihm folgen wollte. Das half, und still ergab ich mich in diese Trennung. 14 Tage noch war es mir vergönnt, ihn zu sehen. Ich half ihm bei seinen Vorbereitungen zu der weiten Reise. Ludwig hatte in Jütland seine Heimat. Er war mit 17 Jahren in die Fremde gegangen, hatte Dänemark, Deutschland und die Schweiz schon bereist und hatte sich auf seinen Reisen, die er meistens zu Fuß gemacht, zwei fremde Sprachen angeeignet (Deutsch und Französisch), die er beide geläufig sprach; für einen mittellosen Handwerksgesellen eine zweifellos außerordentliche Leistung. Dabei stand er erst im 22. Lebensjahre. Und von diesem herrlichen Jüngling sollte ich mich trennen. Ich konnte mich mit dem Gedanken gar nicht vertraut machen. Aber was half es. Nach fünfmonatlichem sonnenvollen Glücke ist nun wieder die düstere Öde meines Daseins über mich zusammengebrochen. Niemals im Leben ist es mir je vergönnt gewesen, einen edleren Menschen an mein Herz drücken zu dürfen, als diesen dänischen Jüngling. Nie ist mir eine Scheidestunde qualvoller erschienen, als die des

Abschiedes von ihm. Immer und immer wieder mußte ich diesen Kopf an mich pressen, immer wieder in diese dunklen, tiefen Augen blicken.

Wenn je einem Homosexuellen seine Gefühle zum Fluch seines ganzen Lebens geworden sind, so bin ich es. Und wenn je Anstrengungen gemacht wurden, um diese Empfindungen loszuwerden, ihnen eine andere »normale« Richtung zu geben, so habe ich es getan. Und doch mußte ich bei meinem Verhältnis zu Ludwig erkennen, daß mein Geschlechtszustand heute homosexueller denn je ist. Der Zustand, in dem ich mich gerade ihm gegenüber befand, mag die Art und Weise dartun, mit der ich von ihm Abschied nahm. Wir hatten den ganzen Abend vor seiner Abreise auf seiner Stube zusammen verbracht, und ich hatte schließlich weinend unter unzähligen Umarmungen mich von ihm losgerissen. Ruhelos lief ich durch die Straßen und konnte es nicht fertig bringen, nach Hause zu gehen. Ich kehrte schließlich zurück, um meinen Freund noch einmal zu sehen. Er war bereits zur Ruhe gegangen. Dumpf vor mich hinbrütend, setzte ich mich auf den Flur vor seiner Tür hin und schlief, den Kopf an die Tür gelehnt, schließlich ein. So wurde ich mitten in der Nacht von ihm aufgefunden. Liebevoll bereitete er mir eine Stätte neben sich. So habe ich dann die letzten Stunden in dieser letzten Nacht an seiner Brust zugebracht. Noch in der letzten Minute unseres Beisammenseins klagte ich mich an über mein unvernünftiges Verhalten. Er tröstete mich und versicherte mich seiner treuen Freundschaft auch in der Ferne. So ward auch dieser mir entrissen.

Einsam und trauernd lebe ich nun wieder für mich hin und denke daran, welche Leiden mir wohl noch im Schoße der Zukunft zugedacht sind.

Erlöst uns, nehmt uns die Fesseln ab: der Kultur wird es nicht zum Schaden, der Menschheit aber wird es zur Ehre gereichen.

Zweiter Teil

Nachgetragen von Karl Frey

Franz Siedersleben sagt in seinem Lebenslauf: »Gefängnis, Flüche, Tränen, Gebete, Schwüre, Entbehrungen und tiefste Erniedrigung hatten nicht vermocht die Liebe zum eigenen Geschlecht zu ertöten.« Und weiter: »Wo ich hinblicke nichts als Sünde, und wollte ich diesem unsäglichen Zustand ein ewiges Ziel setzen, dann erst wird mir der Fluch, *Verbrecher*, noch übers Grab geschleudert werden.«

Franz Siedersleben ist tot, in der Nacht vom 11. auf den 12. September 1908 hat der Unglückliche sich den Tod durch eine Kugel in die Schläfe selbst gegeben. – Wer wollte es wagen, dem Verstorbenen das Brandmal eines Verbrechers aufzudrücken? Wie nur ein Mensch zu kämpfen und leiden vermag, so war Franz Siedersleben verdammt, den Lebenskampf zu bestehen, bis er seiner Neigung durch das Vorurteil der Menschen zum Opfer fiel, die drohenden Folgen des § 175 haben den geistig begabten genialen Menschen in den Tod getrieben.

Anfang Februar 1903 lernte ich Franz Siedersleben kennen. Seinem früheren Aufenthaltsort mußte er infolge Maßregelung den Rücken kehren. Um sich und seine Familie ernähren zu können, nahm er eine Aushilfsstelle auf dem Bureau des D. H.-V. in St. an. In K. unterbreitete Franz Siedersleben die sanitären Mißstände in einer Fabrik der Fabrikinspektion, diese Behörde veranlaßte auch in Wirklichkeit deren Beseitigung, der Angeber jedoch wurde verraten und sofort entlassen. Alle Bitterkeit des »gesetzlichen Schutzes« empfand damit der Gemaßregelte und die Ratschläge von den Herren Verwaltungsbeamten, sich bei Mißständen in den Fabriken vertrauensvoll an die Fabrikinspektoren zu wenden, erhielten einen derben Stoß.

Die gesunden Ansichten Franz Siederslebens in wirtschaftlichen und politischen Fragen, und nicht zuletzt sein Eintreten für die Turnerei, befestigte die Bekanntschaft mit dem in gesellschaftlichem Verkehr äußerst liebenswürdigen Manne. Ahnungslos über die homosexuellen Empfindungen umgab ihn gar bald ein großer Bekanntenkreis und hörte mit Interesse seinen Erzählungen über Kunst und Wissenschaft, den humoristischen und gesanglichen Darbietungen zu. Unversiegbar schien der Quell in gesellschaftlicher Runde, ein guter Redner mit einem überaus blumenreichen Redetalent, doch nirgends bot sich etwas Anstößiges. War Franz Siedersleben allein, dann allerdings sah man ein von bitterem Weh durchfurchtes Gesicht, ernst sinnend, vor sich hinbrütend, bis die Nähe eines Menschen den Grübler aufschreckte. Heute läßt sich manches zusammenreimen und als Begleiterscheinung des Zustandes eines Homosexuellen erklären, so das unterhaltene Freundschaftsband mit einigen jungen Freunden aus K., die in St. und später auch in Leipzig auftauchten. Unter normalen Verhältnissen fällt solches nicht auf, hier aber stand dieses Freundschaftsband unzweifelhaft mit der Freundesliebe im Zusammenhang.

Eine Arbeiterorganisation hatte Franz Siedersleben in eine Vertrauensstellung nach Leipzig berufen, ein Jahr darauf wurde mir von derselben Organisation ein Amt übertragen und so teilte ich mit dem Kollegen ein Arbeitszimmer, einen Schreib- und Arbeitstisch. Die Schwere der Arbeit, die Verantwortung der uns anvertrauten Stellung, trugen wir kollegial gemeinsam und hier lernte ich so recht den regsamen Geist des nie ruhenden Mannes kennen. An freien Sonntagen gingen wir mit unsern Frauen und Kindern einträchtig miteinander aus und ich ahnte nicht, daß bald ein jäher Riß in dieses Verhältnis kommen sollte. Wohl verblieb Franz Siedersleben öfters länger im Geschäft wie ich, besuchte in plötzlichem Einfall das Theater oder es blieb sein Aufenthalt an manchem Abend mir unbekannt. Was kümmerte mich die freie Zeit eines andern, dicke Freundschaft zu lieben, hatte ich durch die Erfahrung des Lebens längst als bedenklich gefunden und deshalb interessierte ich mich nicht für private Angelegenheiten meines Kollegen. Eines schönen Tages hörte ich von Hausgenossen in Weiberkleidern, daß Franz Siedersleben im Besitze recht geheimnisvoller Bücher sei, darin nackte Gestalten abgebildet wären, und die gesprächigen Frauen raunten einander in die Ohren »warmer Bruder«. Ich betrachtete die Geschichte als unsinnigen Klatsch, was war denn natürlicher bei unserem Streben nach Körperkultur und Körperschönheit, daß uns Bücher und Schriften durch die Hand gingen, die, mitunter ohne Badehose, den

Menschen darstellten, wie er von Natur aus geschaffen ist, doch bald sollte das Verhängnis näher kommen. Von dritter Seite wurde mir in aller Form mitgeteilt, daß Franz Siedersleben sich mit jungen Männern abgebe, also homosexuell sei. Mit einem dritten Kollegen, der kurz vorher ins Geschäft eingetreten war, tauschte ich meine Ansicht aus, leider hatte auch dieser Beobachtungen machen müssen, die unzweifelhaft die homosexuelle Veranlagung des Freundes und Kollegen bestätigten. Inzwischen passierte in dem Hause, wo unsere Arbeitsstätte war, die Annäherung eines Mannes an einen jüngeren Burschen, Gegenüberstellungen erfolgten im Beisein eines Kriminalbeamten, doch blieb der Fall unaufgeklärt. Das öffentliche Gerede setzte nunmehr toll ein, der erwähnte Hausklatsch und übelwollende »Freunde« von uns taten ihr übriges, wir entschlossen uns daher kurz, mit Franz Siedersleben eine offene Aussprache über die Situation herbeizuführen. Aufklärung sollte mir bald in unerwünschter Weise werden; mitten in der Nacht wurde ich durch die Hausglocke aufgeschreckt, zitternd stand Frau Siedersleben vor der Tür und bat mich, doch schnell nach ihrer Wohnung mitzukommen. Ich eilte die Treppe empor und fand meinen Kollegen nur mit dem Hemd bekleidet bewußtlos auf dem Vorsaal liegend unter heftigen Zuckungen des Körpers. Wir brachten den Bewußtlosen ins Bett, kühlten durch Umschläge. Der Kranke fing an zu phantasieren, beteuerte seine Unschuld, rief bekannte Namen seiner Freunde als Zeugen auf, bis ihm die Besinnung wiederkehrte. Als mein Kollege mich erkannte, fing er bitterlich an zu weinen. Ich beruhigte ihn, daß ihm niemand etwas anhaben wolle, er möge sich ausruhen bis er hergestellt und kräftig genug sei, die Arbeit wieder aufzunehmen. Am andern Tag arbeiteten wir weiter zusammen, als wenn nichts vorgefallen wäre. Von außen zog das Gewitter näher, mit Fingern deutete man bereits auf uns und mir ward die Aufgabe zuteil, Franz Siedersleben von allem zu verständigen. Nie werde ich diesen Lebensabschnitt vergessen; trotzdem ich in schonendster Weise als Freund zum Freunde sprach, wich jede Farbe aus dem Gesicht meines Kollegen. Nach einer peinlichen Pause frug er mich, was ich über ihn und die Dinge meine. Nach zirka zwei Stunden Unterredung wußte ich alles. Es erübrigt sich, auf das Empfinden des Unglücklichen einzugehen; der von ihm selbst geschriebene Lebenslauf besagt alles. Mit voller Überzeugung glaubte er ein Recht zum Leben zu haben, wie jeder andere Mensch, öffentlich wäre kein Ärgernis erregt, die Liebe zum gleichen Geschlecht sei ihm angeboren und mindestens nicht unmoralischer, als wenn sich andere Männer in die Arme von Prostituierten begeben. Er fühlte sich auf derselben sittlichen Höhe wie die normal veranlagten Menschen. Tausende von Männern, die heute noch in der Weltgeschichte und Weltliteratur mit Ehrfurcht genannt werden, haben genau so empfunden wie er, die Unwissenheit und Erkenntnis der Menschen verdichte sich zu dem Vorurteil und der Verachtung gegen seinesgleichen. Hatte Franz Siedersleben recht? Die felsenfeste Überzeugung sprach aus ihm, daß er kein schlechterer Mensch sei, wie die andern.

»Macht was ihr mit mir wollt, ich kann meine Gefühle nicht begraben, ich will auch Anteil haben an der Liebe, am Leben nach meinem Empfinden«, das war die Konsequenz seiner Anschauung.

Ein Homosexueller, auf den man mit Fingern zeigte, an der Spitze einer Organisation, das läßt die öffentliche Meinung, die heutige Moralanschauung nicht zu. Um Jahre gealtert, völlig mutlos, verließ unser Kollege unter Tränen die ihm so lieb gewordene Arbeitsstätte, er mußte gehen, so verlangte es die Moral, Sitte und Ordnung.

Einige Wochen später und wir finden Franz Siedersleben als Pächter einer kleinen Wirtschaft in H., unterstützt von seinen Turnern, die nicht in die Verhältnisse eingeweiht waren. Der ganze Jammer eines traurigen Wirtshauslebens tat sich nun vor dem feinfühlenden, künstlerisch veranlagten Manne auf. Spekulierende Agenten, Trunkenbolde, Halbweltdamen, unsittliche und unmoralische Anträge jeglicher Art mußten abgewehrt werden und er tat es; dadurch verringerte sich die Einnahme und so verblieb nichts weiter, als fortwährende Sorge um die Existenz. Kam ich mit Franz Siedersleben zusammen, dann klagte er, wie Tag für Tag seine Kräfte und seine Entschlossenheit nachlassen unter dem gewaltigen Druck seelischer Depression und den Sorgen ums Brot. Wir saßen manche Stunde zusammen, ich versuchte ihn aufzurichten, machte Vorschläge zur Bessergestaltung seines Daseins, doch leider es half nichts, der Schluß klang stets in den Worten von seinem Mund: Ja, wenn ich wäre wie du, dir steht die Welt noch offen.

Mehr wie einmal faßte Franz Siedersleben den Entschluß, sein Recht, wie er es nannte, vor der Öffentlichkeit zu vertreten; er wollte eine volkstümlich gehaltene Streitschrift herausgeben und seine Empfindungen und die ganze sexuelle Frage verfechten. Ich riet ihm nie ab und sagte stets, wenn du die Kraft in dir fühlst zur Vertretung deiner Überzeugung gegenüber dem Vorurteil der Öffentlichkeit, dann tue es. Der Mangel an materiellen Mitteln, Enttäuschungen bei seinesgleichen, die mit irdischen Gütern reich gesegnet sind, ließen den Plan ins Wasser fallen.

Im Juli 1908 gab Franz Siedersleben die Wirtschaft auf und suchte tastend nach einer ihm zusagenderen Existenz. Wochenlang in einem engen weißgetünchten Stübchen, mit Frau und Kindern, ohne Arbeit, brütete er dahin und in dieser Situation brach unbegreiflicherweise seine Neigung wieder durch. Die erfolgten Zusammenkünfte mit einem jungen Mann kamen zur öffentlichen Kenntnis, die Behörde recherchierte im Auftrag von Verwandten des jungen Mannes nach dem Tatbestand und die drohenden Folgen des § 175 trieben Franz Siedersleben in die Schweiz, wo er verzweifelte Anstrengungen machte, wiederum zu landen, doch vergeblich. Arbeitslosigkeit, Hunger und die Stimmung im Volke gegen die Verfehlungen des § 175, die durch den Eulenburg-Prozeß Nährboden fand, reifte in Franz Siedersleben den Entschluß, seinem verfehlten Leben ein Ende zu machen.

Die Anhänglichkeit und Liebe – wenn auch nur in platonischem Sinn – zu Weib und Kindern führte Franz

Siedersleben vor der Ausführung seines Entschlusses nach der Heimat zurück, nochmals faßte er den Mut, sich seinen Kollegen zu zeigen, mit denen er einst zusammen für das Wohl der Allgemeinheit gewirkt hatte, leider versagte auch dieses letzte Fünkchen von Hoffnung. In einem Abschiedsbrief schrieb mir Franz Siedersleben: »Meine Herren V.-K. haben alles nach St. an den Hauptvorstand berichtet und wie ich in St. ankam, wurde ich eisig kalt empfangen und nach fünf Minuten ebenso entlassen mit der Bemerkung, daß sich nichts tun ließe. O, sie sind alle so gerecht und so ›aufgeklärt‹. . .«

»Ich bin zu Ende mit meinem Latein«, heißt es in dem vor mir liegenden Abschiedsbrief meines Kollegen Franz Siedersleben, und weiter: »Hin und her gehetzt, ohne Mittel, um aus den Krallen der Gerechtigkeit zu entrinnen, sehe ich ein, daß es für mich und meine Familie das Beste sein wird, wenn ich abtrete von den Brettern der Lebenskomödie. Ich tue es gern, nicht aus Feigheit, sondern weil ich genau weiß, daß ich meiner Familie den besten Dienst damit erweise. Es ist mir wenigstens vergönnt, in der letzten Stunde meines Lebens in der Nähe meiner Familie zu bleiben, denn immerhin habe ich die Meinen so lieb gehabt, wie es nur immer ein Mensch, wie ich einer bin, vermochte. Grüße alle die guten Turngenossen von mir nochmal. Sie sind allesamt so korrekt und rechtschaffen, daß sie von mir armen Lebenskrüppel wohl kaum noch Notiz genommen haben, aber immerhin, ich habe gekämpft, o ja, sehr gekämpft habe ich und zwar nicht nur gegen zwei, sondern gegen hundert Welten und da war ich zu erbärmlich schwach. Lebt recht wohl, die freie Turnsache blühe.

Franz Siedersleben«

Ich glaube richtig gehandelt zu haben, wenn ich die letzten Worte an die Turngenossen von unserem verstorbenen Freund hier wiedergab, geben sie uns doch den besten Beweis, mit welcher Innigkeit er an unserer guten Sache beteiligt war.

Bei vollständig klarem Bewußtsein durchkostete Franz Siedersleben die Qualen eines Seelenkampfes, bis er sich die Pistole an die Schläfe setzte und abdrückte.

Die durch den Schuß aufgeschreckten Hausbewohner fanden einen sterbenden Menschen auf den Stufen vor der Haustüre, mit einem Rettungswagen wurde der im Todeskampf zuckende Körper dem Krankenhause zugeführt, doch war die Hilfe der Ärzte überflüssig, Franz Siedersleben hatte ausgelitten.

Anmerkungen

[von Karl Frey]

Der Nichtkenner wird sich beim Lesen der Lebensgeschichte Franz Siederslebens keine weiteren Gedanken machen, sondern das Blatt beiseite legen, um einer andern Unterhaltungslektüre nachzugehen. Es ist ja viel bequemer, sich Abwechslung zu schaffen, alles nur von der leichten Seite zu nehmen und jeden Ernst einer Sache ängstlich zu vermeiden, als mit sittlichem Ernst und ruhigem Eifer in das Wesen der Homosexualität einzudringen. Der Verständige wird nicht nur mit bedauerndem Gefühl das Leben dieses Geächteten verstehen, es wird auch der Wunsch und der Wille sich durchringen, die von Natur aus abnorm veranlagten Menschen vor Unrecht und Verachtung zu schützen, und sie als Menschen in vollgültige Rechte einzusetzen. Damit soll keineswegs gesagt sein, daß die Liebe zum gleichen Geschlecht – die Homosexualität mit all ihren Folgen – als berechtigt proklamiert und ihr Tor und Tür geöffnet werden soll.

An die weibliche Prostitution ist der moderne Mensch bereits soweit gewöhnt, daß das Bestehen von staatlich sanktionierten Freudenhäusern als ganz in der Ordnung betrachtet wird; für das sogenannte dritte Geschlecht, für die vom geschlechtlich Normalen abweichenden Personen hat man nur den § 175 des Str.-G.-B. übrig. Will man einen Vergleich ziehen, ob das Leben in den Bordells, auf den Redouten oder bei den sonstigen Liebesabenteuern normal Veranlagter sittlicher ist, als die Empfindungen eines Homosexuellen, dann ist ein Blick in die Literatur für sexuelle Zwischenstufen nötig.

Der auf diesem Gebiet bekannte *Dr. Magnus Hirschfeld* hat in einer Schrift nachgewiesen, daß sich unter 100 000 Einwohnern nicht weniger als 5 400 vom Normalen abweichend Veranlagte befinden. Von diesen 5 400 sind 1 500 rein homosexuell. Nach der Volkszählung von 1 900 waren somit in Deutschland 1 200 000 und in Berlin allein 56 000 Personen, die rein oder überwiegend homosexuell veranlagt waren. Die Zusammenstellung der Stichproben von Dr. Magnus Hirschfeld ergibt unter anderem folgende Resultate: Es kommen Urninge auf den Hochadel 5,6 %, Klosterschüler 5,3 %, Marineoffiziere 5 %, katholische Geistliche 3,15 %, evangelische Geistliche 3,4 %, Dorfbewohner 2,5 %, Fleischer 3,6 %, Kompaniemannschaften 3,2 %, Eisenbahnbeamte 1 % usw. In jeder größeren Familie sollen innerhalb drei Generationen auf je 30 Familienmitglieder ein Homosexueller kommen.

Durchaus unrichtig ist die Annahme, daß alle homosexuell veranlagten Personen durchaus geschlechtliche Handlungen betätigen müssen. Verhältnismäßig nur wenige lassen sich hinreißen, das beweisen auch die Bestrafungen auf Grund des § 175 des Str.-G.-B. Ein paar Zahlen mögen das beweisen. 1885 wurden 391 Personen bestraft, 1890 412, 1895 484, 1899 491 und 1900 535 Personen. Von den im Jahre 1900 bestraften 535 Personen gehörten an: der Forst- und Landwirtschaft

203, der Industrie, dem Bergbau und Bauwesen 198, dem Handel und Verkehr 76, dem Arbeiter- und Taglöhnerstand 38, Freie Berufsarten 12 und ohne Beruf waren es 8 Personen.

Die statistischen Erhebungen von Dr. Magnus Hirschfeld (Verlag von M. Spohr, Leipzig) zergliedern sich noch auf das Alter, das Geschlecht, die Religion und die verschiedenen Gerichtsbezirke, von denen die Urteile gesprochen wurden. Die Statistik selbst ist unter den schwierigsten Umständen möglich geworden, jedoch gibt es sicherlich noch viele Tausende, die homosexuell sind, aber ihre Veranlagung ängstlich hüten und nie erkennen lassen. In rückständige Gegenden und Gesellschaftsschichten ist schließlich nicht einmal das Bewußtsein gedrungen, um was es sich bei der Sexualempfindung der einzelnen Individuen eigentlich handelt.

In das Leben des dritten Geschlechts (der Ausdruck war schon im alten Rom gebräuchlich) hat besonders der Forscher Dr. Magnus Hirschfeld, in dem Sündenbabel Berlin, einen tiefen Blick getan und seine Beobachtungen, die in ihrem Zusammenhang kein ungünstiges Licht auf die Homosexuellen werfen, in einer Broschüre: »Berlins Drittes Geschlecht« veröffentlicht.

Dr. Magnus Hirschfeld betont in seinen Ausführungen wiederholt, daß, wenn von Homosexuellen die Rede ist, man nicht stets an geschlechtliche Handlungen denken dürfe, bei den Homosexuellen sei das Sittlichkeits- und Schamgefühl ebenso ausgeprägt wie bei den Normalsexuellen. An dieser Stelle ist es natürlich nicht angängig, auf die vielen Spezialfälle einzugehen, die uns in das Wesen der Uranier einführen, es dürfte wohl vollkommen genügen, die markantesten Lebensgewohnheiten mit wenigen Worten zu streifen.

In der Millionenstadt Berlin sind die Urninge namentlich in den eingeschlechtlichen Vereinen zu finden, vielfach ist, nach Dr. Magnus Hirschfelds Ausführungen, das urnische Element die treibende Kraft von Athleten-, Turn- und Frauenvereinen. Den Athletenvereinen erwachsen sehr leicht urnische Freunde, die eifrig jeden Gang verfolgen und die plastische Schönheit der Bewegungen, das Spiel der Muskeln mit sachverständiger Miene beobachten. Im Winterhalbjahr veranstalten einige Inhaber von Lokalen, in denen viele Urninge verkehren, große Urningsbälle, die in ihrer Art eine Spezialität von Berlin sind. Dr. M. Hirschfeld schildert in seiner Schrift einen derartigen Ball, bei dem 800 Personen zugegen waren, wie folgt: »Gegen 10 Uhr abends sind die großen Säle noch fast menschenleer. Erst nach 11 Uhr beginnen sich die Räume zu füllen. Viele Besucher sind im Gesellschafts- oder Straßenanzug, sehr viele aber auch kostümiert. Einige erscheinen dicht maskiert in undurchdringlichen Dominos, sie kommen und gehen, ohne daß jemand ahnt, wer sie gewesen sind; andere lüften die Larve um Mitternacht, ein Teil kommt in Phantasiegewändern, ein großer Teil in Damenkleidern, manche in einfachen, andere in sehr kostbaren Toiletten. Ich sah einen Südamerikaner in einer Pariser Robe, deren Preis über 2000 Fr. betragen sollte. Nicht wenige wirken in ihrem Aussehen und ihren Bewegungen so weiblich, daß es selbst Kennern schwer fällt, den Mann zu erkennen. Ich erinnere mich, daß ich auf einem dieser Bälle mit einem auf diesem Gebiete sehr erfahrenen Kriminalwachtmeister ein Dienstmädchen beobachtete, von dem der Beamte fest überzeugt war, daß sie ein richtiges Weib sein müsse, auch ich hatte nur geringe Zweifel, um in der Unterhaltung mit ihr aber doch wahrzunehmen, daß sie ›ein Mann‹ war.«

Die Uranierinnen halten gleichfalls ihre Ballabende ab und eine Teilnehmerin eines nichtöffentlichen Kostümfestes, das alljährlich von einer Dame arrangiert wird und nur eingeladenen Gästen zugänglich ist, entwarf nach Dr. M. Hirschfeld nachstehende Schilderung : »An einem schönen Winterabend fahren von 8 Uhr ab vor einem der ersten Berliner Hotels Wagen auf Wagen vor, denen Damen und Herren in Kostümen aller Länder und Zeiten entsteigen. Hier sieht man einen flotten Couleurstudenten mit mächtigen Renommierschmissen ankommen, dort hilft ein schlanker Rokokoherr seiner Dame galant aus der Equipage. Immer dichter füllen sich die strahlend erleuchteten weiten Räume; jetzt tritt ein dicker Kapuziner ein, vor dem sich ehrfurchtsvoll Zigeuner, Pierrots, Matrosen, Klowns, Bäcker, Landsknechte, schmucke Offiziere, Herren und Damen im Reitanzug, Buren, Japaner und zierliche Geishas neigen. Eine glutäugige Carmen setzt einen Jockey in Brand, ein feuriger Italiener schließt mit einem Schneemann innige Freundschaft. Die in buntesten Farben schillernde fröhliche Schar bietet ein höchst eigenartiges anziehendes Bild. Zuerst stärken sich die Festteilnehmerinnen an blumengeschmückten Tafeln. Die Leiterin in flotter Sammetjoppe heißt in kurzer kerniger Rede die Gäste willkommen. Dann werden die Tische fortgeräumt. Die Donauwellen erklingen und begleitet von fröhlichen Tanzweisen schwingen sich die Paare die Nacht hindurch im Kreise. Aus den Nebensälen hört man helles Lachen, Klingen der Gläser und munteres Singen, nirgends aber – wohin man sieht – werden die Grenzen eines Kostümfestes vornehmer Art überschritten. Kein Mißton trübt die allgemeine Freude, bis die letzten Teilnehmerinnen beim matten Dämmerlicht des kalten Februarmorgens den Ort verlassen, an dem sie sich unter Mitempfindenden wenige Stunden als das träumen durften, was sie innerlich sind. Wem es je vergönnt war, ein derartiges Fest mitzumachen, der wird aus ehrlicher Überzeugung sein Leben lang für die ungerecht verleumdeten Uranierinnen eintreten, denn er wird sich darüber klar geworden sein, daß es überall gute und schlechte Menschen gibt, daß die homosexuelle Naturveranlagung aber ebensowenig wie die heterosexuelle von vornherein einen Menschen zum Guten oder Bösen stempelt.«

Weitere Treffpunkte für die Homosexuellen bilden in den Großstädten die Badeanstalten, ganz besonders ist der Zusammenfluß an gewissen Tagen und Stunden in Petersburg und Wien ausgeprägt. Bei den Bessersituierten finden häufig private Zusammenkünfte statt und Personen von Rang und Stand nehmen daran teil, die leibliche Bewirtung besteht meist in Tee und Gebäck, die geistige in musikalischen Darbietungen, Diskussionen über Kunst und Wissenschaft. In den Werken der großen Denker und Dichter wissen die meisten Bescheid und nicht selten geben die Homosexuellen durch Verse an Freunde ihrem Empfinden Ausdruck.

Die Poesie und Dichtung ist überhaupt ein sehr beliebtes Gebiet für sie und auch Franz Siedersleben hat eine Reihe schöner Dichtungen und Theaterstücke hinterlassen; einige davon sind durch ein Inserat auf Seite [64] dieser Broschüre angezeigt.

Dr. M. Hirschfeld hat in seiner erwähnten Schrift den »Soldatenkneipen« ebenfalls Berücksichtigung angedeihen lassen, unter denen sich Urningslokale befinden. Soldaten und Offiziere finden sich in den Abendstunden bis zum Zapfenstreich in den Lokalen zusammen, um sich einen Homosexuellen zu suchen, der sie freihält, und selten kehrt jemand in die Kaserne zurück, ohne das Gewünschte gefunden zu haben. Die Lokale werden beim Bekanntwerden den Soldaten durch Regimentsbefehl verboten, jedoch öffnen sich bald wieder andere in derselben Gegend. Bei Bockwurst mit Salat und Bier werden die Freundschaften zwischen Soldaten und Homosexuellen geschlossen, die oft noch anhalten, wenn der Soldat längst verheiratet ist und als Bauer fern von der Garnison lebt. Es soll sogar vorkommen, daß sich die Freundschaften auf die nachfolgenden Brüder übertragen; ein Homosexueller soll nacheinander mit drei Brüdern freundschaftlich verkehrt sein, die bei den Kürassieren standen. Zu diesen Freundschaftsbündnissen führt Dr. M. Hirschfeld aus: »Die Gründe, welche den Soldaten zum Verkehr mit Homosexuellen veranlassen, liegen nahe; es ist einmal der Wunsch, sich das Leben in der Großstadt etwas komfortabler zu gestalten, besseres Essen, mehr Getränke, Zigarren und Vergnügungen (Tanzboden und Theater) zu haben; dazu kommt, daß er – der oft sehr bildungsbedürftige Landwirt, Handwerker oder Arbeiter – im Verkehr mit Homosexuellen geistig zu profitieren hofft, dieser gibt ihm gute Bücher, spricht mit ihm über die Zeitereignisse, geht mit ihm ins Museum, zeigt ihm was sich schickt und was er tun soll.«

Die Soldatenprostitution ist namentlich in den skandinavischen Hauptstädten sehr verbreitet, auch in London bieten sich die Soldaten in den belebtesten Straßen und Parks vom Spätnachmittag bis nach Mitternacht feil und in Berlin wurde sogar das Planufer den Soldaten als Gehweg verboten. Für die Wirkungen der Strafbestimmungen und -Gesetze, mit denen die Homosexuellen bedroht sind, ist charakteristisch, daß die Soldatenprostitution in den Ländern stärker auftritt, wo derartige Gesetze existieren, als in Ländern ohne Urningsparagraphen.

Vorstehende Auszüge aus der Schrift von Dr. M. Hirschfeld zeigen uns, wie weit verbreitet die Homosexualität ist, und daß weder Gesetz noch Strafe an den bestehenden Tatsachen ändern können. Zunächst muß das Bestreben aller sein, für die Beseitigung der geltenden Strafbestimmungen einzutreten; und wenn die Homosexualität wirklich eine Gefahr für die Nation in sich birgt, dann hat die Lösung der Frage auf anderem Wege zu erfolgen.

Die Dokumente aus dem Leben des dritten Geschlechts einer Großstadt geben uns weitere Beweise, mit welchen Gefahren die abnorm veranlagten Menschen zu kämpfen haben. Die Homosexuellen haben die Neigung, ihre Geschlechtsbedürfnisse nur beim gleichen Geschlecht, also Männer bei Männern, zu befriedigen. Diese Tatsache machen sich besonders in Großstädten junge Burschen und Herren zunutze und bieten sich, wie die Prostituierten, zum geschlechtlichen Verkehr an. Diese männlichen Prostituierten werden sehr oft zu *Erpressern* und wie viele bleiben in den Fallstricken dieser »Freunde«, richtiger »Buhler« benannt, hängen.

Schon der weise Sokrates äußerte sich wie folgt zu der käuflichen Liebe: »Einem Jüngling, der seine Schönheit irgend einem Kauflustigen um Geld überläßt, geben wir einen garstigen Namen; hat er hiegegen einen edlen und wohlgesitteten Mann zum Liebhaber und weiß ihn zu seinem Freunde zu machen, so nennen wir ihn sittig und verständig.«

In der Friedrichstraße und Unter den Linden in Berlin oder am Karls- und Maximiliansplatz in München sieht man bei Spaziergängen junge Herren und Burschen in auffallender Kleidung mit schreienden Krawatten und lebhaft wiegenden Bewegungen. Diese Herrchen drehen sich oft um und kokettieren mit den Herren. Oft lassen sie von der linken Brusttasche einen Zipfel ihres Taschentuches herausstehen; geschminkte Gesichter, gebrannte

Haare, das sind alles Zeichen, daß man einen männlichen Prostituierten vor sich hat, der sich für Bezahlung den Homosexuellen hingibt. Solange Schönheit und Jugendblüte vorherrscht, fehlt es nicht an Kundschaft, fangen die Herrchen aber zu altern an und häßlich zu werden, dann bleibt der Verdienst aus und wehe dem Freundling, der dann in die Hände eines solchen Burschen fällt, der zum Erpresser geworden ist.

Einem derartigen Erpresser zu entrinnen durch Anzeige, hat im Gefolge, daß dem Opfer die Folgen des § 175 des Str.-G.-B. drohen; aber nicht allein die Strafe hält manchen Homosexuellen ab, gegen einen Erpresser vorzugehen, schon das Bekanntwerden der homosexuellen Veranlagung bestimmt viele, nach Möglichkeit die von solchen Erpressern gestellten Forderungen zu befriedigen. Viele Selbstmorde, deren Ursachen unaufgeklärt bleiben, hängen mit derartigen Fragen zusammen, hier gebietet die Menschenpflicht Schutz den Schutzlosen zu gewähren. Fällt der § 175, dann fallen mit ihm auch die unmenschlichen Begleiterscheinungen, die Erpressungen und sicher auch zu einem gut Teil die männliche Prostitution.

Schon oft sind die Versuche gemacht worden, durch Eingaben an die Reichsregierung, zur Beseitigung des § 175; gut klingende Namen von hervorragenden Professoren, Doktoren und hochgestellten Persönlichkeiten haben die Petitionen geziert, jedoch hatte die gesetzgebende Körperschaft ein verschlossenes Ohr bis zum heutigen Tag.

Die Tatsache allein, daß in der Reichshauptstadt Berlin von über 50 000 urnischen Personen jährlich im Durchschnitt nur 20 vor den Richter wegen Vergehen gegen den § 175 geschleppt werden, dagegen 2 000 im Jahre den Erpressern in die Hände fallen, muß für die Aufhebung des § 175 sprechen. Soll aber der notwendige Druck auf die Reichsregierung dementsprechend ausgeübt werden, dann darf nicht den urnischen Personen oder den Herren Doktoren und Professoren allein überlassen bleiben, gegen den § 175 Stimmung zu machen und gelegentlich dagegen zu petitionieren, sondern von der Volksmasse muß die Forderung mit aller Energie gestellt werden. Dies bedingt jedoch, daß die Volksmasse über die sexuelle Frage in allen Teilen Aufklärung erhält; hier ist der wunde Punkt, um den man ängstlich herumgeht. Wohl wird heute empfunden, wie die Degeneration im Volke eingesetzt hat, wie die Jugend mit allerlei Krankheit behaftet dahinsiecht und wie – unausgesprochen – die Onanie und andere sittliche Laster die Menschheit vergiften und neben der kapitalistischen Ausbeutung die Gesundheit des Volkes untergraben. Durch Stillschweigen wird kein Übel aus der Welt geschaffen; heraus mit dem, was gesagt werden muß!

In einer bis heute noch ungedruckten Abhandlung, die im Jahre 1906 von Franz Siedersleben geschrieben wurde und die vor mir liegt, ist der Versuch unternommen, die Befreiung der Homosexuellen von den Fesseln des § 175 als einen Kampf darzustellen, der aus der sozialen Struktur der menschlichen Gesellschaft heraus kommen muß, in der er seine Wurzel hat. Die Linderungs- und

Bemühungsversuche weniger wissenschaftlich gebildeter Leute reichen nicht aus zur Befreiung der Homosexuellen, der Kampf und die Propaganda müsse im Rahmen des breiten Volkslebens und der Sozialpolitik sich abspielen. Franz Siedersleben ist von der Erfolglosigkeit der Petitionen an das Parlament – durch die eine Aufhebung des § 175 erreicht werden soll – überzeugt, weil den Verdammungsurteilen pfäffischer Unduldsamkeit mehr Glauben geschenkt werde, als der Stimme objektiver Forschungsergebnisse. Im Parlament drehe sich es im günstigsten Falle bei den Besprechungen solcher Petitionen noch darum, ob die Homosexuellen in ein Zucht-, Kranken- oder Irrenhaus gehören. Franz Siedersleben schreibt in seiner Abhandlung u.a.:

> »Wir verzichten gern auf derlei Fürsorge und müssen energisch dagegen protestieren, daß wir eine Horde von Wüstlingen sein sollen. Nimmt man sonst im bürgerlichen Leben die Früchte unseres Fleißes im Dienste der Gesellschaft als Ergebnisse gesunder Arbeitskraft entgegen, dann wird man es wohl oder übel anerkennen müssen, wenn wir auch gesunde Kraft, Lebensfreude und Kampfesmut in uns fühlen, unsere Naturrechte nicht als Kranke erbitten, sondern energisch zu fordern uns erlauben.«

Eine Reihe von Vorschlägen zur Gewinnung und Aufklärung breiter Volksmassen hat Franz Siedersleben niedergelegt, billige literarische Erzeugnisse, populäre Vorträge, Lehr- und Erziehungsmethoden sollen, im volkstümlichen Sinne gehalten, das Sexualleben behandeln und zur Erkenntnis führen.

Wir sehen also, daß die Homosexuellen sich nicht in irgend ein Versteck begeben wollen, um darin nach unserer Laienansicht widernatürliche Unzucht zu treiben, die Homosexuellen möchten gern heraustreten in die Öffentlichkeit, ihre Leiden und Beschwerden zur öffentlichen Diskussion stellen und als gleichwertige Menschen anerkannt sein.

Nach objektiver Beurteilung der sexuellen Frage und der heutigen Sitten- und Moralanschauungen, müssen wir zugestehen, daß die Gesellschaft *verpflichtet* ist, sich mit Problemen zu beschäftigen, die den Ursachen der abnormen Veranlagung Einhalt tun. Ebenso ist die Gesellschaft verpflichtet, nach Mitteln und Wegen zu suchen, die abnormalen geschlechtlichen Veranlagungen durch frühzeitige körperliche Erziehung und geistige Aufklärung nach Möglichkeit so zu mildern, daß die Folgen derartiger Veranlagungen für alle erträglich werden. Würde zum Beispiel schon das Kind, bevor es zur Schule geht, während der Schulzeit und nach der Schulzeit einer Untersuchung und Beobachtung unterworfen, die lediglich der geschlechtlichen Veranlagung und Entwicklung dient, dann könnte durch körperliche Erziehung, wie Turnen, Spielen, Baden, Schwimmen, der individuellen Veranlagung der heranwachsenden Jugend mit besonderer Vorsicht und durch geeignete gesellschaftliche Einrichtungen Rechnung getragen werden. Weiter muß es an der Hand der wissenschaftlichen Forschungen möglich sein, die geschlechtliche Entwicklung so zu beeinflussen und in Bahnen zu lenken, daß die unerträglichen Folgen abnormer Veranlagung nicht aufkommen können, die das Leben von Tausenden zur Qual werden lassen. Würde die Wissenschaft und Menschenkunst hier versagen, weder Beseitigung noch Linderung bringen, dann müßte den von Natur aus abnorm veranlagten Menschen gestattet sein, nach ihrem Empfinden mit ihresgleichen zu leben, solange und wie es ihnen beliebt. Ausnahmegesetze von normal veranlagten Menschen über abnormal Veranlagte zu verhängen, wie der § 175 ein Ausnahmegesetz darstellt, ist das bitterste Unrecht, was sich denken läßt.

Fort mit Ausnahmegesetzen, die zu keiner Besserung des Sexuallebens führen können, verlangen wir an deren Stelle Aufklärung und soziale Einrichtungen, die bildenden und sittlichen Einfluß auf das heranwachsende Geschlecht ausüben.

Der Zweck der Herausgabe vorliegender Schrift ist nur dann ein vollständiger, wenn die gegebenen Anregungen zum Nachdenken veranlassen und an die Stelle einer absoluten Verurteilung homosexueller Verfehlungen, eine objektive Untersuchung des Sexuallebens tritt. Nur denen kann ein Urteil zustehen, die den wissenschaftlichen Forschungen sich nicht verschließen, den Menschen als Menschen beurteilen und die Gerechtigkeit nicht von vornherein bei den Homosexuellen ausschalten.

Folgende von Franz Siedersleben verfaßte Theaterstücke sind durch den unterzeichneten Verlag zu beziehen:

GESINDEL. Zeitbild in einem Aufzug.
Preis 1 Mark. 8 Rollenexemplare 2 Mark 40 Pfg.

GENSDARM SCHLUNK IN DER KLEMME. Schwank in einem Akt. Preis 1 Mark. 10 Rollenexemplare 4 Mark 50 Pfg.

TANTE LOTTCHEN. Turnerschwank in drei Aufzügen.
Preis 1 Mark 50 Pfg.; jedes weitere Rollenexemplar 50 Pfg.

DER PROLETARIERKINDER WEIHNACHTSTRAUM. Eine Weihnachts-Allegorie für Kinder. (Von Franz Siedersleben seinen Kindern Wally und Ida gewidmet.)
Preis 1 Mark 50 Pfg.; jedes weitere Rollenexemplar 50 Pfg.

DAS ROTE GESPENST. Schauspiel in einem Akt. (Bearbeitet von Felix Renker nach einer Idee von F. Siedersleben.)
Preis 1 Mark. Rollen und Regiebuch 5 Mark 50 Pfg.

Neu erscheint am 1. Januar: TURNTAG BEI DEUTSCHENS.

Arbeiter-Turnverlag Frey & Backhaus
Leipzig, Lange Straße 34

Textanhang

FRANZ SIEDERSLEBEN

Gewalt geht vor Recht
oder:
Der Fahne treu

Lebensbild in 1 Akt
für die Bühne bearbeitet
von Paul G. Schanzer

[1895] 5. Auflage Berlin o. J.
A. Hoffmann's Verlag

Personen:

BRUNO GROSSMANN, *Arbeiter*
ELISE, *dessen Frau*
FRITZ, *beider Sohn*
BERTHOLD, *Arbeiter*
Steuermann
Schutzmann

Zeit: Gegenwart

1. Scene

Frau GROSSMANN (ELISE). FRITZ

FRITZ *(buchstabirend, schreibend).* Ar-bei-t-m-a-cht-d-as-Le-ben-süß-*(zählend)*16-Ar-bei-t-m-a-cht-d-as-Le-ben-süß-17-Ar-beit-

ELISE *(von ihrer Arbeit aufsehend, Fritz unterbrechend).* Was schreibst Du denn ja, Junge?

FRITZ. Arbeit macht das Leben süß, Mutter!

ELISE. So oft? Das will euch der Lehrer wohl gründlich einpauken?

FRITZ. Ich hatte den Satz vorgestern schon auf, da habe ich einen Fehler drin gemacht und nun soll ich ihn zur Strafe 20 Mal abschreiben. 17 Mal hab' ich ihn schon.

ELISE. Hast Du weiter nichts auf?

FRITZ. O ja, Mutter. Lesen. Seite 134 und 135. Ist eine hübsche Geschichte, die kann ich schon beinahe auswendig. Die französische Einquartierung heißt sie. Weißt Du was, Mutter, da kommt was drin vor vom Lumpenkaiser.

ELISE. Bist Du still, Junge! Wenn das Einer hört!

FRITZ. Das kann ich doch sagen, was hier in unserm Schulbuch steht. Der Lumpenkaiser soll der Napoleon sein, der 1806 die Preußen bei Jena besiegt hat.

ELISE. Das ist ja sonderbar. Wovon handelt denn die Geschichte?

FRITZ. Ich will sie Dir mal erzählen, ich kann sie beinahe auswendig. – Nach der Schlacht bei Jena überflutheten die französischen Heere ganz Deutschland und quartierten sich in Städten und Dörfern ein. Die welschen Soldaten waren sehr roh und zerschlugen Alles und nahmen den Leuten Alles weg. Besonders ein Dorf an der Oder hatte viel auszuhalten. In dem Dorfe wohnten Leute, die hatten zwei Söhne, einen Namens Ludwig, und sehr, sehr viele Hühner. Und weil die Soldaten, die bei Ludwigs Eltern waren, schon Alles aufgegessen hatten, so war kein Fleisch mehr da. Die Franzosen wollten aber welches haben und holten sich die Hühner, immer eins nach dem andern und die brieten sie sich. Zuletzt war nur noch der große stolze Hahn übrig, der Liebling des kleinen Ludwig. Der hatte sich immer zu verstecken gewußt. Eines Morgens verrieth er sich durch sein Krähen. Da warf ein Franzose mit einem Dachziegel nach ihm und verwundete ihn, daß er nicht mehr fort konnte. Der Franzose griff nun den Hahn und wollte ihn schlachten. Der kleine Ludwig, der Alles mit angesehen hatte, bat händeringend um das Leben seines Lieblings. Vergebens, dem Hahn wurde unbarmherzig der Kopf abgeschlagen. Da hob der kleine Ludwig die geballte Faust empor gegen den Soldaten und sagte: »Warte, Du Unmensch, wenn ich groß bin, ziehe ich in den Krieg gegen Euch und Euren Lumpenkaiser*. Eine schöne Geschichte Mutter, was?

ELISE. Das kannst du ja ableiern wie vom Leierkasten. Aber steht denn das wirklich so drin?

* *Diese Erzählung ist enthalten im Berliner Lesebuch von Otto J. Schmidt und Hermann Schillmann, II. Teil, Mittelstufe, S. 134, 135 unter dem Titel »Die Einquartierung«. D. V.*

FRITZ. Da sieh' selber. *(Geht mit dem Buch zu Elise, die es nimmt und hineinblickt, dann Fritz dasselbe kopfschüttelnd zurückgiebt.)*

ELISE *(fortf.)*. So was geben sie nun der Jugend zum Lesen!

FRITZ. Gefällt's Dir nicht?

ELISE. Nein, mein Junge. Wenn den Franzosen ihr Kaiser ein Lumpenkaiser ist, dann sind die Franzosen wohl Lumpen?

FRITZ. Es sollen schreckliche Menschen sein, Mutter. Unser Lehrer sagt: sie wollen unser Vaterland zerreißen und uns Alle aus dem Lande jagen und den Bauern das Vieh aus dem Stalle nehmen und Alles niederbrennen.

ELISE. Ach, papperlapapp! Die Franzosen sind Menschen wie wir. Sprich' mal mit Vater darüber, der kann Dir das besser auseinandersetzen. – Aber nun laß' die Schularbeiten bis morgen, Du mußt noch abliefern und neues Zeug mitbringen, damit ich morgen tüchtig sticheln kann.

FRITZ. Morgen, auf'n Sonntag? *(Packt seine Schulsachen zusammen.)*

ELISE. Für uns arme Leute giebt's keinen Sonntag, da giebt's blos lauter Arbeitstage.

FRITZ. Unser Lehrer sagt aber: Sonntags arbeiten, ist Sünde. Das dritte Gebot heißt: Du sollst den Feiertag heiligen.

ELISE. Nun hör' aber auf mit Deinem Gerede. Der Lehrer kann viel sagen; wenn ich morgen nicht sehr fleißig bin, können wir am Montag, wo der Erste ist, die

Miethe nicht bezahlen und dann setzt uns der Wirth vor die Thüre. Davon kann uns kein Gebot und kein Lehrer helfen – *(Seufzend).* Wenn Vater blos erst wieder Arbeit hätte!

FRITZ. Ja, besser wär's, Mutter. Da kriegten wir wenigstens mal wieder Fleisch zum Mittagessen und Fett auf's Brot. Und Du brauchtest Dich nicht so zu quälen.

ELISE. Du hast Recht, Fritzchen. Es sind jetzt 11 Wochen, daß Vater feiert. Na, heute denkt er ja Arbeit zu kriegen. Onkel Berthold will ihm welche verschaffen.

FRITZ. Darum bleibt er wohl so lange?

ELISE. Wahrscheinlich. – Nun komm' aber, wir wollen einpacken. *(Zieht einen kleinen Waschkorb hervor, legt die fertigen Sachen hinein und überdeckt sie mit einem Tuche.)* 1 Dutzend Hemden, 1½ Dutzend Schürzen. *(Giebt Fritz einen Zettel.)* Nun geh' schnell 'rüber, jetzt ist's noch nicht so voll, da brauchst Du nicht so lange zu warten. *(Hilft Fritz den Korb auf die Schulter.)*

FRITZ. Adje, Mutter.

(Fritz durch die Mitte ab.)

2. Scene

ELISE *(allein)*

ELISE *(Fritz nachblickend).* Armer Junge! Muß sich schon abschleppen in seiner Jugend. Es ist ein Elend, so ein Leben von der Hand in den Mund, ohne sicheres Brot. Es ist kaum noch zum Aushalten. – Ob Bruno Arbeit hat? – Sie werden ihn gewiß wieder abweisen. Das hat er davon, daß er immer gleich die Wahrheit sprach. – Mit großen Herren ist nicht gut Kirschen essen. Recht hat er ja! – Aber warum soll gerade er für Andere die Kastanien aus dem Feuer holen? Das können die jungen Leute besorgen, die kein Weib und Kind zu ernähren haben. – Der Deter macht's schlauer. Der hat eine schöne Werkführerstelle und Zulage gekriegt. Ich muß 'mal mit Bruno ein ernstes Wort reden.

3. Scene

Vorige. BRUNO *(durch die Mitte)*

BRUNO *(verdrießlich).* N' Tag, Elise!

ELISE. N' Tag, Bruno. Na, hat's geklappt?

BRUNO. Nein, der Chef wollte mich auf Berthold's Empfehlung einstellen, aber wie der Obermeister meinen Namen hörte, machte der ein Gesicht, als wenn vom Gottseibeiuns die Rede wäre und sagte dem Chef leise ein paar Worte, die ich nicht verstand. Aber Gutes war's sicherlich nicht, denn der Chef zuckte nun die Achseln und meinte, die Stelle wäre schon besetzt. Doch einen kleinen Verdienst bringe ich mit. Ich habe mir von der neuen Broschüre »Die Sozialdemokratie als Kulturhebel« 100 Stück von unserem Parteikolporteur geben lassen, diese habe ich an die Kollegen verkauft und 5 Mark dran verdient. Hier ist das Geld. *(Legt Geld auf den Tisch.)* Ist zwar blos ein Tropfen auf'n heißen Stein, aber –

ELISE. Besser wie nichts. – Nun setz' Dich 'mal hin *(drückt ihn auf den Stuhl, der am Tisch steht, holt ihren Stuhl und setzt sich neben ihn)* ich möchte 'mal was mit Dir sprechen.

BRUNO *(sieht sie überrascht an)*. Nanu? Das hört sich ja sonderbar an. *(Setzt sich)*. Ich sitze, nun lege 'mal los!

ELISE *(hat sich neben Bruno gesetzt, zögernd, schmeichelnd)*. Mußt aber nicht böse werden, Bruno!

BRUNO. Das wird ja immer geheimnißvoller. Rede doch, was hast Du denn auf dem Gewissen?

ELISE *(zögernd)*. Vorhin war Besuch hier!

BRUNO *(lacht)*. Weiter nichts? Und darum das Gethue? Wer war's denn?

ELISE. Die Deter'n –

BRUNO *(sehr ernst, gedehnt)*. Soo! – Was wollte denn die?

ELISE. Ihr Mann hat eine schöne Stelle gekriegt, als Werkmeister –

BRUNO. Hm, hm. Weiß ich schon. Willst Du mir weiter nichts sagen? *(Will aufstehen.)*

ELISE. Bleib' sitzen, Bruno. – Und schöne Zulage. Er kriegt jetzt die Woche 12 Thaler.

BRUNO. 12 Thaler! Nana!

ELISE. Ist doch schönes Geld, nicht?

BRUNO. Stimmt. Aber weißt Du auch, warum Deter die schöne Stelle gekriegt hat?

ELISE. O ja, die Deter'n hat es mir erzählt. Er hat einen Zettel unterschrieben, daß er aus seinem Gewerkschaftsverein 'rausgeht und sich nicht mehr um die sozialdemokratischen Sachen kümmern will.

BRUNO. Und das find'st Du hübsch, Elise?

ELISE. Das gerade nicht, Bruno, aber –

BRUNO *(einfallend).* Na siehst Du wohl! *(Will aufstehen.)*

ELISE. Bleib' noch ein Bischen sitzen, Bruno. – Die Deter'n sagte auch noch – *(zögert).*

BRUNO. Na, was denn?

ELISE. Es wären noch mehr schöne Stellen da und wenn Du wolltest –

BRUNO *(springt auf).*

ELISE *(Will ihn auf den Stuhl niederdrücken.)* Bleib' sitzen –

BRUNO *(macht sich los).* Laß' mich! Du meinst, ich solle auch so zum Verräther werden an meinen Kollegen, wie der Deter, der in allen Versammlungen das große Wort führte und den Mund nicht voll genug nehmen konnte und im Schimpfen auf die Fabrikanten das Menschenmöglichste leistete? Derselbe Deter, der sein ihm übertragenes Vertrauensamt in so schnöder Weise gemißbraucht und der, obgleich er in leidlichen Verhältnissen lebt, in eine Fabrik hineinrennt, die gesperrt wurde, weil die unerträglichsten Zustände dort herrschten und wo bis jetzt, im Zeitraum von 10 Wochen, kein einziger Arbeiter hineinging? – Du glaubst, daß ich auch so einen Wisch unterschreiben werde –

ELISE *(ist aufgestanden und will ihn besänftigen).* Na, na, sei doch nicht gleich so böse. Wir wollen 'mal in Ruhe die Sache besprechen.

BRUNO. Da ist nichts zu besprechen. Ich wundere mich, daß Du mir solchen Schurkenstreich zutraust!

ELISE *(hin- und hergehend, ärgerlich).* Ach was! Schurkenstreich hin, Schurkenstreich her! Lange genug haben wir jetzt gedarbt, so kann es nicht weiter gehen. Ich habe Dir keine Vorwürfe gemacht, daß Du so lange außer Arbeit bist, aber nun muß es 'mal anders werden. Du opferst Dich auf und redest und machst – aber Keiner handelt darnach. Gegen die reichen Fabrikanten könnt ihr doch nichts machen und müßt zuletzt nachgeben. Laßt doch mal Andere vorangehen, junge Leute, die riskiren nicht viel dabei –

BRUNO. Sagt die Deter'n, nicht wahr?

ELISE. Ja, sie sagt's und hat ganz recht. Die lebt wie Gott in Frankreich, kleidet sich fein und ist dick und rund, und wir haben nicht satt zu essen.

4. Scene

Vorige. FRITZ

(Fritz tritt ein, im Waschkorb Stücke Leinen, an denen er schwer trägt. Elise geht hin und nimmt ihm den Korb ab.)

BRUNO. Wenn Du Dich beruhigt hast, wollen wir weiter reden, eher nicht.

ELISE. Da sieh' 'mal, wie der arme Junge sich quälen muß. Die Kinder der Deter'n strotzen vor Gesundheit und brauchen nicht zu arbeiten.

FRITZ *(der schüchtern zugehört hat).* Das schad't nichts, Mutter, daß ich das Bischen tragen muß. *(Zu Bruno.)* Vater, was ist denn Mutter'n?

BRUNO. Mutter ärgert sich, daß es uns schlecht geht!

FRITZ *(zu Elise).* Weine nicht, Mutterchen, es wird schon wieder besser werden.

ELISE. Nein schlechter wird's, immer schlechter. Mein Bischen Nähen kann uns nicht erhalten.

FRITZ. Ich will fleißig helfen, dann wird's schon gehen.

BRUNO *(fest).* Lange genug habe ich jetzt Dein Reden mit angehört; in Gegenwart des Kindes aber bitte ich Dich ernstlich zu schweigen! Du hast Dich bereden lassen; wenn Du ruhig sein willst, werde ich Dir Rede stehen, aber erst schicke den Jungen fort.

ELISE *(zu Fritz).* Geh' ein Bischen 'runter, Fritz!

FRITZ *(freudig).* Ach, ja! – Vorhin habe ich den Steuermann gesehen, der wird wohl auch bei uns kommen.

(Fritz durch die Mitte ab.)

5. Scene

BRUNO. ELISE

ELISE. Der auch noch. Lauter Ausgaben und keine Einnahmen. Wo soll das hinführen?

BRUNO. Nun laß' uns 'mal vernünftig reden, Elise. Daß Du mit unserer schlechten Lage nicht zufrieden bist, verdenke ich Dir nicht. Ich trage daran eben so schwer, wie Du. Aber niemals hätte ich von Dir, von meiner Elise, die schon frohe, aber auch viel schlimme Stunden mit mir in Treu' und Einigkeit durchlebte, Stunden, wie sie wechselvoll im Leben des armen Arbeiters vorkommen, niemals hätte ich von Dir geglaubt. daß Du mir zumuthen würdest, eine solche Niederträchtigkeit, einen so feigen Verrath zu begehen. Und Alles auf das bloße Gerede der Deter'n –

ELISE. Versuch's, mich zu widerlegen!

BRUNO. Das will ich eben. Du sagst: Die Aufklärungsbestrebungen wären unnütz, es würde ja doch nicht anders, weil Du keine greifbaren Erfolge siehst. Ja, glaubst Du denn, wir können es schaffen, wie der Zauberer im Märchen, der auf einen Wink mit seinem Zauberstabe aus steinigen Wildnissen paradiesische Gefilde, aus verdorrten Sträuchern fruchttragende Bäume, aus Morästen sprudelnde Quellen, aus Erdhöhlen goldene Paläste, aus halbwilden Bettlern schöngekleidete, edelgeformte, glückliche Menschenkinder herzaubern kann? Nein, nein, Elise! In hartem Kampf, in heißem Ringen, mit Zähigkeit und selbstlosem Opfermuth müssen wir Schritt für Schritt uns eine schönere Zukunft schaffen, wir müssen unser Heer vergrößern und dürfen nicht zurückschrecken vor Verfolgung und Gefahren –

ELISE. In denen Viele untergehen. Und es geht so langsam, ach, so langsam! Ist ein solcher Erfolg so schweren Kampfes werth?

BRUNO. Er ist es, Elise! – Denn nicht nur, was wir erringen, kommt in Betracht, sondern auch was wir aufhalten und erhalten. Wohin glaubst Du, daß bei dem wilden Konkurrenzkampf, der heute unter dem Zeichen des Kapitalismus tobt, die arbeitende Klasse gekommen wäre, wenn nicht muthige Arbeiter Trotz und Kraft genug besäßen, der Reaktion, den Rückwärtsdrängern von Geldsacksgnaden, ein »Halt!«, ein »Bis hierher und nicht weiter« entgegenzurufen? Wenn wir Alles gehen ließen, wie es wollte? In die tiefste Knechtschaft, in die schlimmste Leibeigenschaft wären wir zurückgekommen, immer mehr hätte man uns den Fuß in den Nacken gesetzt –

ELISE. Das ist Alles ganz gut und schön, was Du da sagst, aber warum sehen denn das die Andern nicht ein?

BRUNO. Ich verstehe Dich nicht. Du weißt, daß in die Fabrik, in der Deter angefangen hat, seit beinahe drei Monat kein Arbeiter hineingegangen ist, trotzdem Viele arbeitslos am Hungertuche nagen. Du nimmst Dir an Deter ein Beispiel. Solche Ehrenmänner sind nur Ausnahmen, Elise; sie sind gemieden und verachtet von jedem ehrlichen Arbeiter. Diejenigen aber, die uns aus thörichtem Dünkel oder aus Selbstsucht noch fernstehen, werden wir gewinnen, daß sie mitkämpfen für Brot und Freiheit. Hätten wir sie Alle auf unserer Seite, so wäre nach leichtem Kampf der Sieg unser. Die großen Herren haben nur deshalb eine solche Übermacht, weil uns noch Viele fehlen in unseren Organisationen, da sie noch in stumpfer Gefühllosigkeit uns fernstehen.

ELISE. Ja, weßhalb kommen sie denn nicht zu Euch? Weil sie bevorzugt werden und die besten Stellen kriegen, während Ihr aus einer Fabrik in die andere gejagt werdet und lange arbeitslos seid, ohne für Euch etwas zu erreichen. Was nützt uns eine Zukunft, schöne Hoffnungen, wenn wir –

Bruno *(warm)*. Elise! Von unsern Kindern ist uns nur eins geblieben, unser Fritz! Erscheint es Dir nicht werthvoll für unser Kind, ja für Kindeskinder, eine glückliche Zukunft erkämpfen zu helfen? – Wer weiß, ob wir nicht noch etwas verwirklicht sehen von unseren Bestrebungen. Mit Allgewalt bricht sich die neue Weltanschauung Bahn, die wir vertreten, nichts kann sie mehr aufhalten! – Ein schönes Bewußtsein ist es, Elise, mitzuschaffen an der Kulturarbeit, anstatt ewiger Vorurtheile, vielleicht einer urtheilslosen Klique wegen, die Hände in den Schooß zu legen oder gar, wie der Deter, feige und hinterrücks Verrath zu üben, zum Judas Ischarioth zu werden an seinen Arbeitsbrüdern und Schwestern. – Verlangst Du so etwas von mir?

Elise *(weich)*. Wenn's uns nur ein Bischen, ein klein Bischen besser ginge, Bruno! Aber die vielen Sorgen –

Bruno. Das kann sich schnell ändern. Glaube nur ja nicht, daß Leute, wie der Deter, so lange im warmen Neste sitzen bleiben. Es kommt auch 'mal ein Tag, wo wir triumphiren und dann werden solche Elemente hinweggefegt; mit ihrer Herrlichkeit ist's aus, sie haben zum Schaden noch Spott und Verachtung. Also, laß' die Grillen und sei tapfer, Elise. Willst Du?

Elise. Ich will's versuchen.

6. Scene

Vorige. STEUERERHEBER *(durch die Mitte)*

STEUERERHEBER. Guten Tag. *(Holt eine Steuerquittung hervor.)* Herrn Bruno Großmann! Macht zusammen 6 Mark 40 Pfennig.

ELISE. Aber lieber Mann, wo sollen wir so viel Geld herkriegen? Mein Mann hat schon 11 Wochen keine Arbeit.

STEUERERHEBER. So! Ist schlimm. *(Zu Bruno, ein Aktenstück hinhaltend.)* Wenn Sie nicht zahlen können, bitte, unterschreiben Sie.

BRUNO. Das möchte ich nicht. Armenunterstützung –

ELISE *(leise zu Bruno).* Unterschreib' doch, es ist nichts dabei.

BRUNO. Nein, das thu' ich nicht. Ist noch so viel da, ELISE?

ELISE. Blos die 5 Mark, die Du vorhin gebracht hast. Es ist eine Schande, armen Leuten so viel abzuzwacken.

STEUERERHEBER. Ja, liebe Frau, dafür kann ich nicht. Ich muß meine Instruktion befolgen, wenn mir auch manchmal das Herz im Leibe weh thut. Also unterschreiben, oder ich muß pfänden –

BRUNO. Das sind die Früchte unserer herrlichen Gesellschaftsordnung. Der Arme wird gepraßt und der Reiche –

STEUERERHEBER. Ach, Sie sind Sozialdemokrat. Sie mögen ja Recht haben; aber auf solche Gespräche kann ich mich nicht einlassen. Also –

BRUNO. Ich werde Montag das Geld bringen.

STEUERERHEBER. Na, sehen Sie zu, wie Sie's machen. Adje.

(Steuererheber durch die Mitte ab.)

7. Scene

BRUNO. ELISE. *(Dann)* FRITZ

ELISE. Was aber nun, Bruno. Die paar Mark, die ich übermorgen ausgezahlt kriege, reichen kaum für die Miethe, dann haben wir nichts mehr zum Leben.

BRUNO. Sei nur ruhig, ich werde schon was anschaffen.

FRITZ *(athemlos zur Mittelthür herein).* Vaterchen, Vaterchen, ein Schutzmann (Polizeidiener, Gensdarm*) hat nach Dir gefragt.

BRUNO. Ein Schutzmann? nach mir?

ELISE. Ein Schutzmann?

8. Scene

Vorige. SCHUTZMANN

SCHUTZMANN *(Mitte eintretend).* Sind Sie der Arbeiter Bruno Großmann?

BRUNO. Der bin ich.

SCHUTZMANN. Ich habe vom Herrn (Polizei-Lieute-

* *Nach der ortsüblichen Bezeichnung lokalisiren.*

nant) Kommissar den Auftrag, Sie zu ihm auf's Büreau zu bringen.

ELISE *(zitternd)*. Weßhalb? – Weßhalb, Bruno?

BRUNO. Ich weiß es nicht, ich bin mir keiner Schuld bewußt.

ELISE. Dann folge doch nicht, es ist doch Unrecht.

BRUNO. Liebe Elise, »Gewalt geht vor Recht«!

SCHUTZMANN. Machen Sie schnell, ich habe keine Zeit.

ELISE. Aber sagen Sie mir um Gotteswillen, was hat mein Mann verbrochen?

SCHUTZMANN. Er hat verbotene Schriften verbreitet.

BRUNO. Die Broschüre: »Die Sozialdemokratie ein Kulturhebel« –

SCHUTZMANN. Ist verboten. Aber nun machen Sie, nebenan auf dem Büreau werden Sie das Weitere erfahren.

ELISE *(schmiegt sich an Bruno)*. Bruno! *(Schluchzt.)*

BRUNO. Hast Du mir nicht versprochen, mein tapferes Weib zu sein? Elise, wir müssen uns der Gewalt fügen.

SCHUTZMANN. Lassen Sie ihn! So schlimm wird's nicht werden!

BRUNO. Fritz, gieb' mir meinen Hut!

FRITZ *(giebt ihm den Hut, tritt an seine Seite)*. Vater, ich gehe mit Dir!

BRUNO *(ihn sanft abwehrend)*. Bleib' bei der Mutter, Fritz!

SCHUTZMANN. Kommen Sie, kommen Sie!

(Wenden sich zum Gehen.
In der Thüre treffen sie auf Berthold.)

9. Scene

Vorige. BERTHOLD

BERTHOLD *(verwundert).* Bruno, wo willst Du hin? Was ist vorgefallen?

(Bruno will reden, der Schutzmann verhindert ihn.)

SCHUTZMANN. Kommen Sie!

BRUNO. Meine Frau wird Dir sagen –

(Bruno mit Schutzmann ab.)
(Elise sitzt und weint, Fritz schluchzt.)

BERTHOLD. Was ist denn, Frau Großmann? – *(Elise kann nicht sprechen.)* Fritz – was ist passirt?

FRITZ. Sie wollen Vater'n einsperren –

BERTHOLD. Wegen was denn?

ELISE. Verbotene Schriften soll er verkauft haben.

BERTHOLD. Ach so, gewiß die neue Broschüre. Die haben sie gestern verboten. Aber weint nicht so sehr, Kinder. Sollte Vater'n was passiren, wird der Verein helfen. Die Familie eines so braven Kollegen lassen wir nicht zu Grunde gehen.

ELISE. Zu all' dem Elend auch das noch!

(Verlegenheitspause.)

BERTHOLD. Hoffentlich kommt er bald wieder. – Ich bringe ihm was, worüber er sich sehr freuen wird, gute, lohnende Arbeit. Im Arbeitsnachweis ist eine Stelle gemeldet, die soll er einnehmen.

ELISE. Was nutzt das Alles, wenn sie ihn in's Gefängniß stecken!

BERTHOLD. Ängstigen Sie sich doch nicht so sehr. Das Verbot ist ja erst Nachmittags herausgekommen und die paar Broschüren hat er vorher verkauft. Also können sie ihm nichts anhaben; wenn's schlimm kommt, ein paar Tage –

ELISE. Wenn's auch nur ein paar Tage sind, den Schimpf, im Gefängniß gesessen zu haben, kann ihm Keiner mehr abnehmen.

BERTHOLD. Für seine Überzeugung zu leiden, das ist kein Schimpf!

FRITZ. Ich werde 'mal 'rumgehen und nachsehen, ob sie Vater'n noch nicht laufen lassen. Soll ich, Onkel?

BERTHOLD. Ja, geh' FRITZchen!

FRITZ *(will gehen, öffnet die Thür).* Ich glaube, Vater kommt schon. *(Horcht.)* Ja, richtig, da ist er! *(Eilt Bruno entgegen und kommt, an seinem Arm hängend, mit ihm zurück.)* Vaterchen! Vaterchen!

BERTHOLD *(zu Elise).* Na, sehen Sie, sagt ich's nicht gleich!

10. Scene

Vorige. BRUNO

BRUNO. Da bin ich wieder!

BERTHOLD. Du bist ja schnell davongekommen. Das ist beinah' ein Wunder; denn wenn sie einen von unserer

Couleur 'mal beim Wickel haben, dann halten sie ihn fest.

BRUNO. Sie mußten mich gehen lassen, weil der Sachverhalt völlig klar ist. Aber etwas wird's doch abgeben, weil ich keinen Gewerbeschein hatte, also auch keine Schriften verkaufen durfte.

BERTHOLD. Wir helfen's Dir tragen. Als Entschädigung für die ausgestandene Quälerei bringe ich Dir eine Nachricht, die Dich und Dein liebes Frauchen erfreuen wird: ich bringe Dir Arbeit, gute Arbeit; bei Brandt & Co. ist eine Stelle für Dich, Montag kannst Du antreten.

BRUNO. Bei Brandt & Co.? Das ist allerdings ein unerwartetes Glück. Sieh'st Du Elise, Du wolltest schon verzagen –

ELISE. Kannst Du es mir verdenken, Bruno? –

BERTHOLD. Und noch eine frohe Nachricht. Schlüter & Co. müssen nachgeben. Sie können die Sperre nicht mehr aushalten, die Lieferfristen laufen ab und Arbeiter können sie nicht kriegen, weil Keiner ehrlos genug war, da hineinzugehen –

BRUNO. Außer dem edlen Deter –

BERTHOLD. Der hat seinen Lohn gekriegt – er muß abziehen. Die Fabrikanten haben alle Forderungen bedingungslos angenommen und weil die Kollegen erklärten, mit solchem Verräther nicht zusammen zu arbeiten, müssen sie ihn entlassen.

BRUNO. Elise, wenn Du der Deter'n begegnest –

ELISE. Laß' nur, Bruno, ich sehe mein Unrecht ein.

BRUNO. Mag es gehen, wie es will, Elise, am Ende siegt

doch Wahrheit und Recht, und das hervorbrechende Licht der Erkenntniß läßt sich nicht verdunkeln. Man muß nur der guten Sache vertrauen. Auch Ihr Frauen müßt Antheil nehmen am Kampf für eine bessere Zeit. – Willst Du mir in Zukunft keine Vorwürfe mehr machen?

ELISE. Nein, Bruno!

BRUNO. Und willst Du mir eine treue Kampfgenossin sein?

ELISE. Ja. Du sollst nicht mehr über mich zu klagen haben.

BERTHOLD *(der sich mit Fritz beschäftigt)*. Na, Junge, was willst Du werden?

FRITZ (energisch). Sozialdemokrat! *(Alle lachen.)*

BERTHOLD. Ich meine, was Du werden willst, Fabrikant oder Pastor oder Arbeiter?

FRITZ. Arbeiter, wie Vater!

BRUNO *(Fritz an sich ziehend)*. Ja, mein Junge, Arbeiter sollst Du werden, ein nützliches Glied der menschlichen Gesellschaft. Und wir wollen streben, das unterdrückte, schaffende Volk auf die Höhe zu bringen, die ihm gebührt. Unser ist die Jugend, unser die Zukunft!

Gruppe.
Vorhang fällt.

Franz Siedersleben

Der Proletarier-Kinder Weihnachtstraum

Eine Weihnachtsallegorie für Kinder

Leipzig o. J.
Verlag von Rauh und Pohle

Meinen Kindern
Wally und Ida
in Liebe gewidmet

Der Verfasser

Personen:

HANS & GRETEL *(Geschwister)*
EIN BETTLER
DER GENIUS DER FREIHEIT
DAS RECHT
CHOR DER ARMEN KINDER
(in beliebiger Anzahl)

Szene

Eine ärmlich eingerichtete Stube. Hans und Gretel, zwei Kinder von etwa 11 und 8 Jahren, sitzen am Tische. Hinter der Szene singt der Chor armer Kinder. Bei mangelnden Bühnenverhältnissen kann die Szene von Hans und Gretel und mit dem Bettler auch vor dem Vorhang gespielt werden, wodurch für die Schlußszene mit den Kindern Platz gewonnen wird.

Melodie: Laß mich gehen, laß mich gehen, daß ich möge Jesum sehen. (Der Vorhang erhebt sich erst, nachdem ein Vers verklungen ist.)

Weihnachtskerzen, goldne Kerzen,
Leuchten heut in alle Herzen,
Laßt uns Armen, voll Erbarmen
auch die Seelen heut erwarmen.
|: In der Freude Strahlenlicht. :|

Frohe Gaben, süße Gaben,
Alle, alle solln sich laben,
Allen Sündern Leid zu lindern, –
Ach, der Armut bleichen Kindern
|: Lächelt nur ein süßer Traum :|

GRETEL.

Hast du gehört, Hans, den Gesang?
Wie klang das Lied so weh und bang,
Nicht wie zur frohen Weihnachtszeit.

HANS.

's war'n halt die Kinder armer Leut,
Sie singen für ein Stückchen Brot.

GRETEL.

Die armen Kinder, welche Not,
Ach könnt ich ihnen helfen nur.
Hätt ich ein Ringlein, eine Schnur,
Ich gäb es gern den armen Kindern,
Wär ihre Not damit zu lindern.

HANS.

Ja, wär' die Mutter noch zu Haus,
Die brächt ein Stückchen Geld hinaus. –

GRETEL.

Ich hatte gestern einen Traum.
Ich sah den schönsten Weihnachtsbaum
Im wunderbaren Kerzenschein.
Rings standen viel Kinder groß und klein,
Die sangen: »Stille, heilge Nacht«,
Ach, Hans, war das eine Pracht!

HANS.

Doch schöner wär's noch als ein Traum
Brächt uns die Mutter erst den Baum,
Den sie für heut uns aus der Stadt
Zum Festschmuck just versprochen hat.
Den putzen wir uns prächtig aus,
Ach käm die Mutter doch erst nach Haus.

(Es klopft.)

GRETEL.

Ach Hans, es klopft, mir wird so bang,

Die Mutter bleibt auch gar zu lang.
(Der Bettler tritt auf.)

BETTLER.
Ihr lieben Kinder, kalt ist's draus,
Laßt mich ein wenig hier ins Haus.
Ein bischen Wärme, ein Stückchen Brot,
O glaubet meiner großen Not.
Schon lange irrte ich umher,
Find' nirgends ein Stätte mehr.

HANS *(erst etwas zurückhaltend, dann zutraulicher)*.
Gretel und ich, wir sind allein,
Die Mutter ist zur Stadt hinein,
Sie schafft für uns das liebe Brot,
Der Vater ist seit Jahren tot. –
Setzt Euch und ruht nur alter Mann,
Hab'n Euch die Leut nichts gut's getan?
Wir hätten gern mit Euch Erbarm'n,
Ach Gott, wir sind auch gar so arm.

GRETEL.
Ich hab vom Vesper noch ein Stück,
Ich aß es nicht vor lauter Glück,
Daß Mutter uns zum Weihnachtsfest
'nen kleinen Christbaum schmücken läßt.
Ich geb's Euch gern, wenn Ihr's begehrt.
Oft hat die Mutter uns gelehrt:
Es gäb viel Menschen auf Erden hier,
Die noch viel ärmer sind als wir,
Und hab'n doch niemand Leid's getan;
Geht es auch Euch so, alter Mann?

HANS *(sich dreist vor ihm hinstellend).*

Ihr kommt gewiß recht weit schon her,
Habt Ihr denn keine Heimat mehr?

BETTLER.

Mein Sohn, schon lange such ich hier
In diesen Tagen ein Quartier,
Doch niemand ist in dieser Zeit,
Obdach zu geben mir bereit.

GRETEL.

Bleibt bei uns, Mutter die ist gut,
Sie weiß gewiß, wie weh's Euch tut.

HANS.

Wär unser Vater noch gesund,
Ihr bliebet bei uns manche Stund.

GRETEL.

Der Vater lehrt' uns mancherlei,
Manch schön' Gedicht war auch dabei,
Der Hans, der kann sie deklamieren.

BETTLER.

Was euch der Vater hat gelehrt,
Das sollt ihr gerne produzieren.

HANS.

Ich will versuchen, ob es geht,
Und bleib' ich stecken, hilft mir Gret'.

(Deklamierend; der Knabe muß sich beim Deklamieren soweit als möglich vor die Rampe stellen; recht laut und mit erhobener Stimme:)

O Weihnachtsfest, wie wunderbar
Nimmst du das Herz gefangen,

Es jauchzt die frohe Kinderschar,
Wenn bunte Kerzen prangen.
Und eh'rne Glocken läuten ein
Das Fest der Sonnenwende,
Und in der Lichter goldnen Schein
Streckt jedes Kind die Hände
Nach all den Gaben unbewußt,
Die Elternlieb uns spendet.
Dann jauchzt das Herz in unsrer Brust,
Voll Dank euch zugewendet.

Wenn aber Festtagswonne sich
Ins junge Herz mir senke,
Dann lehret Menschenliebe mich,
Daß ich auch daran denke,
Wie in so mancher Hütte heut
Viel tausend Herzen schlagen,
Im Busen, ach, nur bittres Leid,
Nur Not und Elend tragen,

Wo keine warme Kerze scheint
Den armen Kinderscharen,
Da, wo die Armut Tränen weint,
Die nun zu Eis erstarren.
O wär ich stark erst, wär ich groß,
Wie wollt ich wacker streiten,
Daß bald die Armut nackt und bloß,
Nicht Not mehr sollte leiden.

Bettler *(erschüttert).*
O Knabe, welche Worte! Sie durchdringen
Wie tausend blut'ge Schwerter meine Brust,
Dein Vater kannte seines Volkes Ringen,
Der Menschheit Jammer war ihm wohl bewußt.
Und ob es klinget von heil'ger Nacht,
Und ob man singet von Kerzenpracht,
Sie hab'n doch gehetzt mich von Tür zu Tür,
Wie einen Hund, ein böses Tier.
Sie haben gejagt mich von Haus zu Haus,
In Hunger und Jammer, in Nacht und Graus.
Ich flehte um Brot zur Feierstund,
»Hinweg,« schrien sie, »du Vagabund!«
Nun irr ich umher, weiß nicht wohin,
O Gott, wie müde, wie müd ich bin.
(Er sinkt zur Erde.)
So sink ich vor Gram und Schwäche nieder.
Ach hätt ich Recht und Wahrheit je gesehn,
Dann gingen schlafen gern die alten Glieder,
Der morsche Leib wollt gern zu Grunde gehn.
Gretel *(leise).*
Ach Hans, wer mag der alte Mann nur sein,
Ich fürchte mich fast in den Tod hinein.
Es ist so schaurig hier und kalt,
Käm' doch die Mutter nach Hause bald.
Hans *(ebenfalls leise und beschwichtigend).*
Komm Gretel, setz dich her zu mir,
Ein schönes Märchen erzähl ich dir.
(Sie umschlingen sich, im Hintergrunde taucht das Recht auf,

eine kleine, bleiche Mädchengestalt im grauen Hemd, barfuß und offenen Haar; muß sich langsam Schritt für Schritt nähern und etwas monoton gleichsam wie im Traume sprechen.)

HANS.

Was nähert sich dort im Bettlerkleid,
Die Wangen bleich, die Augen weit –
Daß ich mit Grauen mich wenden möcht,
Wer bist du Kind? –

DAS RECHT.

Ich bin das Recht!
Ich habe verloren
Das ewige Licht.
Wo ich geboren,
Ich weiß es nicht.
Ich hab gesehen
Viel gleißenden Schein,
Und hab gesehen
Viel Not und Pein,
Wie Tausende darben
In Hunger und Not,
Im Elend starben
Den bittren Tod.
Da hab ich geweint,
Mit der Armut vereint. –
Muß meiden den gleißenden Kerzenschein,
Muß bei der hungernden Armut sein.

HANS.

Wer hat dich gestoßen
In Nacht und Graus?

Das Recht.

Die Reichen und Großen
Im vornehmen Haus,
Sie wollten's nicht leiden,
Daß ich bescheiden
An Pflicht sie mahnte,
Und schalten mich aus.
Sie schlugen und stießen
Mich mit den Füßen,
Da bin ich entflohn
In die Nacht hinaus.

Hans.

Du armes Kind, daß Gott erbarm,
Wir wolln dich schützen mit unserm Arm.
Wie ließ dein Vater hinaus dich ziehn,
Wo ist deine Mutter, wo gehst du hin? –

Das Recht.

Die Mächtigen spielen
Mit meinem Gram,
Weiß niemand wohin, woher ich kam. –
Tief unten, tief unten
Im wallenden Meer,
Da ward ich gefunden,
Da stamm ich her,
Versunkener Tage
Verklungener Zeit,
Ich lebe und lebe
In Ewigkeit.
Und irr ich nackt auch und verbannt

Ein geächtet Bettelkind durch das Land,
Wenn mich in Ehren
Die Menschen begehren,
Dann lieb ich sie gleich,
Dann sind sie reich.
Wer für mich streitet
Und Schmach erleidet,
Dem küß ich die blutenden Wunden heil,
Die Reichen und Mächt'gen, die ehren mich nicht,
Drum floh ich zur Armut rein und schlicht,
Ich schlafe mit ihr auf einem Stroh,
Wo die Not und das Elend hauset, und wo
Meine Schwester, die Wahrheit, das stolze Weib,
Die Lüge bekämpft mit blutendem Leib.
Du aber Hänsel und Gretel jung,
Voll Unschuld und nimmer gescheidt genug,
Euch lächelt glückselig ein rosiger Traum,
Von leuchtenden Kerzen am schimmernden Baum.
Ich aber muß meiden den gleißenden Schein,
Muß bei der hungernden Armut sein.

Sie läßt sich langsam zu Füßen des schlafenden Bettlers nieder. Hänsel und Gretel sind eingeschlummert. Die Musik intoniert piano bis der Chor hinter der Szene einsetzt mit »Stille Nacht« – in der Mitte des ersten Verses öffnet sich die hintere Szene, im Hintergrunde sieht man einen brennenden Christbaum, links vorn der Genius der Freiheit, rechts eine beliebige Anzahl von 10–50 Kindern als Sprech-Chor, welche langsam paarweise nach vorn kommen und einen Halbkreis um Hans und Gretel bilden. Jedes trägt einen kleinen Tannenzweig in der Hand. Die

Kleidung aller Kinder muß möglichst ärmlich sein. Am besten einheitlich graues Hemd mit über die Hüften geschlungenem Gürtel oder Seil. Die Mädchen mit offenen Haaren.)

DER GENIUS.

Nun klingen sie wieder
Mit seliger Pracht,
Uralte Lieder von heil'ger Nacht,
Sie flechten und weben
Den Schleier aufs neu,
Das junge Leben
Riß ihn entzwei,
Und drang durch der Menschheit Qual und Leid,
Zu wirken der Wahrheit goldenes Kleid.

CHOR DER KINDER. *(Die folgenden Verse werden von allen Kindern im Chore gleichmäßig, nicht zu laut, in sorgsamen Rhythmus gesprochen. Der Chor ist in zwei Kolonnen geteilt (Knaben und Mädchen), die gleichmäßig gruppiert in zwei schrägen Stirnreihen, das Gesicht Hans und Gretel zugewendet sind.)*

Draus auf der Halde
Heulet der Sturm,
Wartet nur, balde
Klingt es vom Turm,
Glockengeläute
Lieblich und schön,
Weihnacht ist heute.
Lasset und sehen
Goldne Kerzelein,
Strahlen ins Herz hinein,

Lächeln euch Liebe
Seliger Huld.

Der Genius.

Das ist die Freude im Silberschein,
Sie klinget und singet vom schimmernden Baum,
's ist nur ein Traum,
Der wiegt euch ein.
Schaut nicht die bleiche,
Die tränenreiche,
Die Armut, die in die Hütten dringt,
Ach, und die Geißel des Hungers schwingt.

Chor der Kinder.

Schaut am dunklen
Himmelsgezelt,
Sternelein funkeln
Frieden der Welt.
Draußen tut's wintern,
Glitzert der Schnee,
Ach, armen Kindern
Tut er so weh.
Niemand zur Festesfreud
Schenkt uns ein warmes Kleid,
Ach, denn die Armut
Ist unsre Schuld.

Der Genius.

Und ob sie singen im
Glänzenden Dome
Ehre sei Gott,
Hört ihr die Not?! –

Seht wie sie quälet,
Die sie erwählet
Und wie der Sturm zarte Blüten bricht,
Schont sie der Jugend der Schuldlosen nicht.

CHOR DER KINDER.

In Traumgedanken
Nächtlich und spät
Komm'n wir, zu danken
Hänsel und Gret,
Tat euch so leide
Heut unser Harm,
Ach, und seid beide
Selber so arm.
Gretel und Hänselein,
Winden euch Kränzelein,
Aus Tannenreisern,
Duftend und grün.

(Sie senken die kleinen Tannenzweige in der Richtung auf Hans und Gretel.)

DER GENIUS.

Jahrhunderte verkündest du den Frieden
Mit Millionen Kerzen unverweilt.
Warum o geizest du mit deinem Frieden,
Den du dem Glücklichen nur zugeteilt?
Weh, daß sie hofften, was du nie erfüllt
Und träumend hangen an dein magisch Bild.

CHOR DER KINDER *(mit verhaltenen Stimmen, mehr flüsternd).*

Öffnet den Reigen,
Öffnet ihn sacht,

Lasset uns schweigen,
Niemand erwacht.
Vor fremde Türen
Ziehn wir auf's neu,
Hungern und frieren,
Singen dabei,
Stille Nacht, heilge Nacht,
Goldene Kerzenpracht,
Lasset uns bleiche Kinder nun ziehn!

(Öffnen langsam den Kreis und ziehen sich nach dem Hintergrunde zu beiden Seiten des Christbaumes zurück.)

DER GENIUS *(etwas vortretend).*

Erhabne Göttin Wahrheit, sag wie lange
Noch bleibt das Volk in seinem Elend schwach,
Daß es nicht ganz an deinen Brüsten hange
Und ach, nicht längst schon seine Ketten brach. –
Wohl seh ich schon die finstren Schatten weichen
Und fern im Osten deine Flammenzeichen,
Ich aber will der Jugend Traum umschweben,
Umschweben dieser Kerzen Silberschein.
Will in des Volkes Herzen glühend leben,
Ein rechter Genius der Freiheit sein,
Bis einst der morschen Zeiten jähes Ende,
Die erste Sonnenwend der Freiheit fände! –

(Der Vorhang senkt sich langsam. Der Chor hinter der Szene singt: »Krönt den Tag« oder aber ein anderes passendes Freiheitslied.)

Franz Siedersleben

Vorwort zu: Liederbuch ›Der freie Turner‹

Siebente neubearbeitete und vermehrte Auflage
Mit in den Text eingedruckten Singnoten
Herausgegeben vom Arbeiter-Turnerbund

Leipzig 1905
Verlag des Arbeiter-Turnerbundes
(Franz Siedersleben)

Sollst nicht uns lange klagen,
Was alles Dir wehe tut,
Nur frisch, nur frisch gesungen,
Und alles wird wieder gut.

Chamisso

Das Bedürfnis, alle seine Ideale, die Begeisterung für eine große und gerechte Sache, sein gesamtes Fühlen und Denken in Liedern zum Ausdruck zu bringen, ist seit langem zur schönsten Tugend unsres Turnervolkes geworden und doch hat wohl, als im Juni 1894 durch den ersten Bundesvorsitzenden Moritz Fromm die erste Auflage unsres Liederbuches angezeigt werden konnte, kaum jemand daran gedacht, wie bald es sich bei Tausenden unsrer Turngenossen zum unentbehrlichen Begleiter auf dem Turnplatz, in den Kreis heitrer Geselligkeit und auf seinen frohen Wanderfahrten in die frische freie Natur einführen würde. Daran konnten auch die Feinde unsrer freien Turnsache nichts ändern, als sie manchen haßerfüllten Seitenhieb gegen das »rote Turnerliederbuch« versuchten. Im Gegenteil, das wütende Gebelfer unsrer Gegner gab uns die Gewähr, daß der Arbeiter-Turnerbund mit der Schaffung dieses Buches auf dem richtigen Wege war. Und die Zehntausende, die seitdem ihren Weg in die Reihen unsrer Turner fanden, haben unsre besten Hoffnungen erfüllt. Um so mehr mußte der Arbeiter-Turnerbund bemüht sein, an der Verbesserung und Ausgestaltung seines Liederbuches zu arbeiten. Nachdem die sechste Auflage wiederum vergriffen war, wurden der neuen Verwaltung auf dem Bundesturntage in Berlin zwei Anträge aus dem 11. und 1. Kreise zur Berücksichtigung überwiesen, die dahin lauteten, das Liederbuch durch Einreihung neuer Lieder zu vermehren, und zum Ganzen ein Singweisenbuch herauszugeben. Daß dem ersten Antrage ohne weiteres entsprochen werden konnte, war selbstverständlich, um so mehr, da allgemein die Ansicht vertreten war, daß eine Vermehrung des Liederbestandes aus den Kreisen der Turngenossen im Bunde in beträchtlicher Anzahl zu erwarten sei. Leider ist diesen Erwartungen nur in äußerst dürftigem Maße entsprochen worden. Gleichwohl war es möglich, aus anderweitig verfügbaren Quellen den alten Liederbestand mit neuen Turner-, Wander- und Volksliedern zu bereichern. Andrerseits habe ich verschiedene Lieder ausgeschieden, die nach Form und Inhalt meiner Auffassung nach nicht zum Fortbestand für unser Liederbuch geeignet waren. Ich hoffe, damit den Wünschen vieler Turngenossen entgegengekommen zu sein.

Den Wünschen aber, die im Charlottenburger Antrage verkörpert waren, konnte allerdings nicht entsprochen werden. Es ist ohne weiteres klar, daß der Arbeiter-Turnerbund sich mit der Herausgabe eines besonderen Singweisenbuches zum Liederbuch vorläufig nicht befassen kann. Der Gedanke würde zunächst an der finanziellen Frage scheitern. Unser Liederbuch hat aber auch nicht die Aufgabe, den vierstimmigen Männergesang pflegen zu helfen und wird in diesem Sinne von unsern Turnern auch nicht aufgefaßt, infolgedessen würden die Herstellungskosten eines Singweisenbuches in keinem Verhältnis zur Abnahme eines solchen innerhalb unsrer Bundesvereine zu bringen sein. Um aber einem andern, ungleich näher liegenden Bedürfnis entgegenzukommen, haben wir die Einstellung der einfachen Singnoten vor den Text jedes Liedes im Liederbuch selbst verwirklicht. Wir wissen aus Erfahrung, welchen Wert die im Text des Liedes eingedruckte Singnote für den hat, der im geselligen Kreise, an Vereinsabenden und bei sonstigen Zusammenkünften das Bedürfnis fühlt, mit seinen Vereins- und Turngenossen zusammen ein Lied zu singen.

In den meisten Fällen ist im Verein, in der Gesellschaft immer ein Musikkundiger anwesend, der das jeweilig zu singende Lied flugs auf dem Instrument nach den im Liederbuch eingedruckten Noten intoniert, wodurch auch demjenigen, dem irgend eine Melodie noch nicht geläufig ist, Gelegenheit gegeben wird, die Weisen der Lieder sehr bald in sich aufzunehmen; hierdurch wird ohne Zweifel in wirksamster Weise dazu beigetragen, daß sich unsre Lieder um so besser bei unseren Turnern »einsingen«, um so schneller in die Turnermassen hinausgetragen werden. Die Aufgabe war allerdings nicht leicht, die Ausführung sehr umfangreich und mühsam. Vielfach mußte an den Texten herumgefeilt werden, um ihn für den jeweiligen Tonsatz sangbar zu machen. Zu den Liedern wurden die sangbarsten und schlichtesten Singweisen ausgesucht, mit den Originalen verglichen oder nach einwandfreien Quellen im einstimmigen Tonsatz wiedergegeben und sind danach in bequemer mittlerer Tonlage aufgeführt worden. Dabei stießen wir leider auf bedeutende Schwierigkeiten. Die Melodien einer ganzen Reihe von vielgesungenen, allgemein bekannten Liedern sind für den Abdruck nicht freigegeben, sondern Eigentum der verschiedenen Verleger. Die Erlaubnis zum Abdruck der Melodien war, trotzdem wir wiederholt darum nachsuchten, mit einer einzigen Ausnahme nicht zu erlangen. Wir sehen, daß der gehässige Kampf selbst bis auf dieses Gebiet übertragen wird und daß unsere Gegner dem freien Turner am liebsten auch noch das Singen der Melodien verbieten möchten, wenn es anginge. Nun, wir pfeifen auf die gespreizte Aufgeblasenheit dieser Herren und verzichten auf Protektion. Wir glauben, daß der Wert unseres neuen Liederbuches in keiner Weise dadurch beeinträchtigt wird. Im Gegenteil:

Frisch, wie der Quell im Waldesgrün,
Sei unser Lied!

soll, wie immer, die Losung eines jeden freien Turners lauten, dann wird ihm das vorliegende Buch vielleicht mehr wie bisher ein lieber und treuer Begleiter in ernsten und heiteren Stunden sein.

Leipzig, im November 1905

Franz Siedersleben

Nachwort

Gegen den »starren Sitten- und Moralkodex der Kulturgesellschaft«

1903 veröffentlichte Magnus Hirschfeld im *Jahrbuch für sexuelle Zwischenstufen* einen Aufsatz in Buchlänge, mit dem er »Ursachen und Wesen des Uranismus« darlegen wollte.* Es ging ihm darum nachzuweisen, daß sich Uranismus (Homosexualität) nicht »bei der Studierlampe«, sondern nur durch die genaue Beobachtung und Untersuchung Betroffener »ergründen« lasse; er selbst hatte »im Laufe der letzten 7 Jahre« etwa 1.500 Homosexuelle »sorgfältig beobachtet«. Neben seinen Beobachtungen als Arzt konnte sich Hirschfeld auch auf zahlreiche Selbstaussagen Homosexueller stützen, die mit einzelnen Sätzen, aber auch in mehr oder weniger umfangreichen Schilderungen bestimmter Lebensabschnitte und sozialer Konstellationen zu Wort kommen. Eine dieser Selbstaussagen spielte eine besondere Rolle: die »Lebensgeschichte des urnischen Arbeiters Franz S.« Daraus zitierte Hirschfeld nicht einzelne Sätze oder Erlebnisse, sondern druckte den gesamten Text als Anhang zu seinem Aufsatz ab (S. 159–193).

*) Magnus Hirschfeld: Ursachen und Wesen des Uranismus, in: Jahrbuch für sexuelle Zwischenstufen 5, 1 (1903) S. 1–193. Der Aufsatz erschien auch separat unter dem Titel »Der urnische Mensch« (Leipzig 1903).

Franz S. teilt nur wenige biographische Einzelheiten mit, konzentriert sich ganz auf die Entwicklung seines Gefühlslebens und auf die tiefen Freundschaften und sexuellen Erlebnisse, die ihn seine ›Veranlagung‹ erkennen ließen. Für Hirschfeld war die Selbstbiographie des Franz S. ein einzigartiges Argument für das Angeborensein der Homosexualität und damit gegen die Kollegen, die sich Gedanken machten, welche Umstände und Erlebnisse dazu führen könnten, daß jemand Homosexualität »erwirbt«. Seine Antagonisten waren insbesondere der Strafrechtler Friedrich Wachenfeld und der Sexualwissenschaftler Iwan Bloch, der sich in besonderer Weise für die »Ätiologie der Psychopathia sexualis« interessierte. Mit spöttelnder Ausführlichkeit listet Hirschfeld die über 60 Anlässe und Umstände auf, die nach Bloch als »Entstehungsursache der Homosexualität in Betracht gezogen werden müßten«: »Wir haben erfahren«, zitiert er Bloch, »daß in der großen Mehrzahl der Fälle die gleichgeschlechtliche Liebe aus äußeren occasionellen Momenten entspringt, daß eine originäre Anlage zu derselben sehr unwahrscheinlich, jedenfalls sehr selten ist« (S. 122).

Franz S. ist für Hirschfeld ein Kronzeuge gegen solche Auffassungen:

> »Ich habe von den vielen uns zur Verfügung stehenden Selbstbiographien nur eine einzige im Anhang wiedergegeben, sie rührt von einem ganz einfachen Arbeiter her, ist nicht einmal orthographisch richtig geschrieben,

aber für die Wahrheit dessen, was dieser schlichte Mann aussagt, stehe ich ein, wenn es überhaupt noch Treue und Glauben gibt. Man lese dieses Lebensbild, wo kann da von einem Variationsbedürfnis, von Reizhunger, der leichten Beeinflußbarkeit des Geschlechtstriebes durch äußere Einwirkungen, von Suggestion, Nachahmung oder choc fortuit* die Rede sein? Enthält nicht allein diese eine Biographie eine ganz furchtbare Anklage gegen die Wachenfeld und Bloch, welche in einer so wichtigen Frage vom grünen Tisch ihr Urteil fällen, ohne die, welche sie richten, gesehen, gehört, beobachtet und untersucht zu haben?
Es genügt natürlich nicht, die Lebensgeschichte der H.-S. zu durchforschen, sondern ein jahrelanges Beobachten vieler Urninge aller Altersstufen und Stände, ihrer Lebensäußerungen und Lebensgewohnheiten ist notwendig, um sich über die Gesamtpersönlichkeit ein Urteil bilden zu können. Diese Aufgabe wird dadurch erschwert, daß vielen Urningen nach Lage der Verhältnisse durch Selbsterziehung und Gewohnheit manches zur ›zweiten Natur‹ wird, was ihnen ursprünglich nicht zukommt. Man wird bei der psychologischen Erkenntnis nicht nur auf positive Äußerungen zu achten haben, sondern auch auf negative Züge, so ist beispielsweise bei manchen Uraniern die sexuelle Negierung des anderen Geschlechts viel vorherrschender, als die durch intensive Geistestätigkeit abgelenkte oder zum Schweigen gebrachte positive Neigung zum gleichen Geschlecht.

*) Hirschfeld zitiert den Franzosen Alfred Binet, der schon 1877 die Ansicht vertrat, auch ein »choc fortuit«, ein »psychisches Trauma«, könne zu Homosexualität führen – für Hirschfeld »eine bisher durch kein Tatsachenmaterial erhärtete Hypothese« (S. 116).

Sehr wesentlich wird die Exploration und Beobachtung unterstützt durch die Körperuntersuchung möglichst zahlreicher Zwischenstufen aller Art. Den Sektionen H.-S. können wir hingegen vorderhand noch keine so hohe Bedeutung beimessen, solange das sexuelle Centrum im Gehirn noch nicht ermittelt und wir über die Geschlechtsunterschiede zwischen männlichen und weiblichen Gehirnen noch so wenig unterrichtet sind« (S. 45–46).

1903 gab Franz S. nur seinen Vornamen preis; seine volle Identität wurde deutlich, nachdem Franz Siedersleben sich im September 1908 das Leben genommen hatte. Sein Freund und früherer Kollege Karl Frey veröffentlichte die Lebensgeschichte erneut, ergänzte sie durch biographische Details und Überlegungen zum Thema Homosexualität. Parallel dazu war es Magnus Hirschfeld, der auf die Identität Franz S. = Franz Siedersleben verwies. In der von ihm herausgegebenen *Zeitschrift für Sexualwissenschaft* stellte er im November 1908 eine lange Liste von rund 20 »Selbstmorden aus homosexuellen Motiven« vor.* Meist handelt es sich um kurze Notizen aus den verschiedensten Zeitungen; am Schluß der Liste aber werden drei Fälle ausführlicher und mit persönlichen Dokumenten aufgeführt, darunter der von Franz Siedersleben:

*) Magnus Hirschfeld: Materialien, in: Zeitschrift für Sexualforschung 1 (1908) S. 674–680.

»Halle, 12. Sept. Der Gastwirt Siedersleben, gegen den ein Verfahren nach § 175 RStrG. eingeleitet worden, hat sich in vergangner Nacht auf der Straße vor seiner Wohnung erschossen.
Unter den genannten Selbstmorden geht uns der von Franz Siedersleben besonders nahe. S. ist derselbe, dessen anonyme Selbstbiographie sich unter dem Titel »Lebensgeschichte des Arbeiters Franz S.« als Anhang von Dr. Hirschfelds »Urnischem Menschen« (Jahrbuch f. sex. Zwischenstufen Bd. V, 1 S. 159) findet. Immer wieder hat der Ärmste den Kampf mit seiner Natur und dem Leben aufgenommen, und immer vergeblich. Sobald man seine homosexuelle Veranlagung bemerkte, aus der er als wahrheitsliebender Mensch kein Hehl machte, verlor er alsbald seine Stelle. Zuletzt hatte er in Halle a. Saale eine kleine Gastwirtschaft übernommen, wurde aber auch hier bald wieder angezeigt. Kriminell verfolgt, floh er in das Ausland, kehrte jedoch nach kurzem wieder zurück, um sich nachts vor der Wohnung seiner Frau zu töten.«

Hirschfeld weiß schon, daß »ein Freund von ihm« (Karl Frey) die Biographie neu herausgeben will, und fährt dann fort: »Wir begnügen uns hier, die schlichten Zeilen, mit denen er von seiner Frau und seinen Kindern Abschied nahm, wiederzugeben«:

»An meine Frau und meine Kinder
Frau M. Siedersleben, Halle a/S.
Liebenauer Str. 8

Mein liebes Weib,
meine armen Kinder Walli und Ida.

Ich habe es immer und immer wieder versucht, Euch ein ordentlicher Vater und Gatte zu sein. Es ist mir nicht immer gelungen. Meine Kräfte sind nun aufgezehrt. Ich fühle, daß mein Dasein nur eine fortgesetzte Quelle von Gram, Sorge und Kummer für Euch ist. Deshalb scheide ich aus dem Leben gern, weil ich weiß, daß ich Euch nur damit dienen kann. Ihr werdet dann endlich Ruhe haben für ein ferneres stilles Leben, wie es guten Menschen zukommt, ich war ja nicht gut, konnte es beim besten Willen nicht sein. Liebe Mathilde, Du legtest mir in Deinem Briefe die Frage vor: »habe ich es so verdient?«. Nein, mein gutes Weib, so hättest Du es nicht verdient. Aber es war Dein Verhängnis, daß ich unglückseliger Mensch Deinem Lebensweg begegnen mußte, so wie ich war und bis zum letzten Augenblick sein mußte, und doch habe ich einst geglaubt, Du könntest mich heilen von meiner ›Krankheit‹. Es konnte nicht sein. Lebet wohl, meine lieben Kinder, werdet gute Menschen, besser als Euer Vater.

Euer Vater und Gatte
F. Siedersleben«

In einem Postskriptum bittet Franz Siedersleben seine Frau, seine Brüder zu informieren (»wenigstens Rudolf«) und »alle Genossen, die mich kannten, sowie alle Turngenossen« zu grüßen. Seine Tätigkeit beim Arbeiter-Turnerbund (1903–1907), von der noch die Rede sein wird, waren für Siedersleben herausfordernde und erfolgreiche Jahre; dennoch wurde er, wie er in seinem Abschiedsbrief an Karl Frey schreibt, »eisig kalt empfangen und nach fünf Minuten ebenso entlassen«, weil seine »Herren V.-K.«

den Hauptvorstand ›informiert‹ hatten. Wie sehr ihm die Turnersache am Herzen lag, ergibt sich auch daraus, daß er auch Karl Frey bat, »alle die guten Turngenossen« zu grüßen.

In der nächsten Ausgabe des Jahrbuchs (1909) hat Hirschfeld auch dessen Leserschaft über Franz Siedersleben und seine Lebensgeschichte informiert, diesmal nicht mit eigenen Worten, sondern mit einem langen Zitat aus der *Schwäbischen Tagwacht*, die im Juni 1909 in großer Ausführlichkeit den jüngsten Band des Jahrbuchs besprochen hatte und einen »sehr beherzigenswerten Hinweis« folgen ließ »auf die kleine Schrift, welche dem leidvollen Leben des armen Siedersleben* von einem seiner Kameraden gewidmet wurde.« Der »Hinweis« ist mehr als ein Hinweis und verdient es, zitiert zu werden:**

*) Die bibliographischen Angaben lauten hier: »Ein Opfer des § 175. Lebens- und Leidensgeschichte des urnischen Arbeiters F. S. Stuttgart-Ostheim. Im eigenen Verlag des Verfassers Karl Frey.« Handelt es sich um eine erste, später geänderte Titelgebung?

**) Magnus Hirschfeld: Einleitung und Situationsbericht, in: Vierteljahrsberichte des Wissenschaftlich-humanitären Komitees (= Jahrbuch für sexuelle Zwischenstufen) 10 (1909/10) S. 3–30, hier S. 22–23. – Äußerst knapp gehalten ist die Notiz von »Dr. Birnbaum« in der Zeitschrift »Sexual-Probleme« 5 (1909) S. 389–390: »Lebensgeschichte und Selbstbiographie eines homosexuellen Arbeiters, dessen Leben durch den Gegensatz zwischen seinen Neigungen und den herrschenden Moralanschauungen verbittert wurde und mit einem tragischen Ende, dem Selbstmord, abschloss.«

»Von den Jahrbüchern des Komitees leitet ein Faden zu dem Heftchen, das Karl Frey einem toten Freunde und Mitarbeiter gewidmet hat. Es handelt von den Lebensschicksalen des homosexuellen Arbeiters Franz Siedersleben, der als gewerkschaftlich und politisch organisierter Mitkämpfer der Arbeiterbewegung den Stuttgarter Arbeitern noch in deutlichster Erinnerung stehen dürfte. Im fünften Jahrgange des Jahrbuches hat Siedersleben seine tragische Lebensgeschichte erzählt. Frey hat sie wieder abgedruckt und mit einem Nachtrag bis zum Tode Siederslebens versehen. Der Unglückliche machte nach einer Kette von grausamen Verhängnissen, die in seiner Veranlagung ihren Ursprung hatten, seinem Leben in Verzweiflung ein Ende. Es ist ein wahrhaft erschütterndes Bild, das die kleine Schrift vor uns aufrollt. Siedersleben war ein intelligenter, äußerst begabter Mensch, den nur seine Veranlagung und die Vorurteile der Menschen nicht zur Entfaltung kommen ließen. Der Lebenslauf Siederslebens zeigt aufs neue die Richtigkeit der gegen den § 175 ins Feld geführten Gründe. Möchten die Absichten, die Frey bei der Herausgabe des Schriftchens leiteten, erreicht und den Lesern ins Bewußtsein gerufen werden, daß die höchste menschliche Pflicht und die schönste Blüte seelischer Kultur nicht das Richten und Verdammen, sondern ein verstehendes Wissen von den Trieben und Handlungen der menschlichen Natur ist.«

Es ist bittere Ironie, daß ausgerechnet der Freitod, dessen Tag und Ort bekannt sind, den Weg zu grundlegenden biographischen Daten öffnet. Das Stadtarchiv Halle a. d. Saale verwahrt die »Todesbescheinigung« der Chirurgischen Universitätsklinik Halle und die »Todes-Anzeige«, gerichtet an die »Polizei-Verwaltung«, die noch am selben Tag das Standesamt informierte.* Aus den Unterlagen geht hervor, daß Franz Siedersleben am 12. September 1908, morgens um 1 Uhr, einer »Kopfschußverletzung« erlegen ist. Dazu ist auf einer der Urkunden von späterer Hand der Hinweis ergänzt: »Selbstmord (wegen Geistesabwesenheiten)«. Wichtiger ist, daß man hier Geburtsort und Geburtsdatum erfährt: Berlin, 27. August 1867. Die Namen der Eltern: Hermann Siedersleben und Magdalena Siedersleben, geborene Trümpelmann, beide als in Berlin verstorben benannt. Wie bei seiner Frau Mathilde, geborene Rannenberg, ist auch bei Franz Siedersleben zunächst die Zugehörigkeit zur »evangelischen Religion« angegeben, dann aber durch »Dissident« ersetzt worden. Das paßt gut zu seinem politischen Engagement als Sozialdemokrat und Sozialist.

*

Die Lebensgeschichte des Franz Siedersleben ist der Bericht eines erst 35jährigen Mannes, der im Rückblick auf seine Kindheit und Jugend gleich zu Beginn festhält: »Als Kind armer Eltern – mein Vater war Schreiner – kann ich im allgemeinen auf meine Jugendzeit eigentlich nicht als auf eine goldene Zeit zurückblicken.« Der Vater hatte nach dem frühen Tod der Mutter wieder geheiratet (»eine

*) Das Stadtarchiv Halle hat freundlicherweise Kopien zur Verfügung gestellt.

rechtschaffene Frau und uns eine liebevolle Pflegerin«). Eine lange Krankheit des Vaters und dessen baldiger Tod zwangen den jungen Franz »mit Eintritt in mein 13. Lebensjahr«, also 1879, zum Unterhalt der Familie beizutragen, zunächst als »Rollmops« bei einer Spedition, als Begleiter eines Rollkutschers. Damit begann für ihn »eine sehr trübe Periode« seiner Jugend.

Die Jugendzeit hatte aber auch eine beglückend-schöne Seite: seine Liebe zu Willy (»zwei Monate jünger als ich, doch bedeutend kräftiger entwickelt«). Bei kindlichen Spielen lernte er Willy kennen, für den er bald »eine heftige und tiefe Zuneigung« empfand, die sich mit der Zeit zu einer verehrenden Liebe entwickelte.

Während der Leser vom Alltag des jungen Franz wenig erfährt, ist von den kindlichen Spielen sowie der Freundschaft und Liebe zu Willy auf vielen Seiten die Rede. Dem Leser gegenüber rechtfertigt er, warum er »die kleinen, an sich ja recht unbedeutenden Vorkommnisse dieses meines jungen Daseins« so ausführlich erzählt: »Denn es bieten sich in ihnen, meiner allerdings laienhaften Auffassung nach, wohl für den Forscher alle jene charakteristischen Merkmale dar, die schon den Knaben in seiner ganzen psychologischen Entwicklung als ausgesprochenen Homosexuellen erscheinen lassen.« Der 13-Jährige weiß noch nichts von dem »starren Sitten- und Moralkodex der Kulturgesellschaft«, ahnt noch nicht, daß in seinem »ewigen stürmischen Verlangen bereits die schwellenden Keime einer ›naturwidrigen Perversität‹ emporsproßten«, die früher oder später den »Fluch der Gesellschaft« herausfordern mußte: »Jener Fluch sollte auch mir später im reichsten Maße zuteil werden. Zu jener Zeit aber, da sich in mir die ersten Blüten des Geschlechtsbewußtseins eben erschlossen hatten, ahnte ich von alldem noch nichts.«

Aus einer erträumten gemeinsamen Zukunft wurde nichts: Willys erwachende Sexualität drängte ihn bald zu »sorg- und schrankenlosem Geschlechtsverkehr«. »Er hat schließlich die Tochter eines wohlhabenden Kaufmanns heimgeführt und ist heute selbst als Inhaber eines renommierten Geschäftshauses in Leipzig ein wohlhabender Mann, der sich kaum noch seines einstigen Jugendfreundes erinnert.« Franz jedoch konnte diese erste, prägende Liebe nicht so schnell hinter sich lassen: »In meinem zertretenen Herzen hat es noch lange getobt und geschrien, ehe dies schönste Bild meiner Jugendträume daraus entwich.«

Euphorischer Aufschwung und enttäuschendes Ende sind das Muster, das weiterhin seine Freundschaften bestimmen sollte. Das Ende einer Beziehung lag dabei nur teilweise in persönlichen Dingen begründet, sondern vor allem am »starren Sitten- und Moralkodex der Kulturgesellschaft«.

Nur eine knappe Anmerkung verweist auf die Zeit nach Willy, eine Phase »höchst unsoliden Lebens« auf der Suche nach Zerstreuung und Vergessen. Daneben zwang sich Franz zu einem regen gesellschaftlichen Leben, besuchte sogar eine Tanzschule – wo eine neue Liebe auf ihn wartete, nicht zu einer der Tanzdamen, sondern zu Adolf, dem »jungen Kellner des betreffenden Restaurants« (»ein bildhübscher Bursche mit pechschwarzem gekräuselten Haar und ein Paar kohlschwarzen Augen, die wie Diamanten funkelten«). Doch das Verhängnis ließ nicht lange auf sich warten: »Wir wurden beide vom Wirte in einem hinteren Zimmer bei frischer Tat ertappt.« Ein »unbeschreiblicher Skandal folgte«, der für Franz mit einer Verurteilung zu sechs Monaten Einzelhaft endete; Adolf kam als der angeblich »Verführte« mit sieben Tagen Haft davon. Im Rückblick hält Franz fest: »Hätte ich nur damals schon klar genug die unabweisbare Bestimmung meiner Geschlechtsnatur begriffen. Ich hätte wohl in jenen oft durchwachten Nächten im Gefängnisse die Kraft gefunden, ein Ende zu machen mit einem Dasein.«

Seine Familie hatte sich von ihm losgesagt, nahm ihn nach der Haft aber wieder »in Gnaden« auf; sein ältester Bruder (Rudolf?) richtete ihm sogar einen »kleinen Geschäftsbetrieb« ein und versuchte eine Heirat für ihn einzufädeln. Franz ließ sich darauf ein, der »jungen Dame recht fleißig den Hof zu machen«. Doch sein Herz »verlangte nach einem Wesen, das ich lieben könnte« und fand es bald »in der Person des jungen Angestellten eines benachbarten Geschäftes«. Das neue Glück erstickte im Keim: Eines Tages beobachtete ein »argwöhnisch gewordener Nachbar« die beiden »durch den Türspalt«, »schlug Lärm und benachrichtigte sofort meine Familie«. In »kopfloser Bestürzung« floh er »so wie ich ging und stand« zu Verwandten seines Vaters.

Es folgte eine Zeit von »Irrfahrten« mit »körperlichen und seelischen Qualen«, auf die er im Rückblick nicht näher eingehen will. So erfahren wir nur, daß er

»Hausbursche« in Holland war, seine »Herrin« aber bald mehr verlangte als »bloße Dienste für das Haus und die Gäste«. Danach versuchte er vergeblich, nach Amerika zu gelangen, um dort ein neues Leben zu beginnen. Als er merkt, daß er während seiner »Wanderzeit von der Polizei unbehelligt« blieb (»ein Steckbrief gegen mich existierte wohl demnach nicht«), kehrte er zurück und zwang sich, »still und zurückgezogen« zu leben: »So verbiß ich mich in einem fortwährenden Abwehrkampf gegen meine Leidenschaft.« Da er noch nicht in der Lage war, sich von der »üblichen Meinung der großen Masse« zu emanzipieren, suchte er diesmal selber Rettung in einer Ehe mit der Schwester eines Kollegen: »In der Person dieses Mädchens schien mir plötzlich ein Fingerzeig gegeben, meinem ferneren Leben sittlichen Halt wiederzugeben.« Bald wird ihm aber bewußt, daß er sich damit nur »neue Fesseln« auferlegt hat. Er gilt zwar überall als der »beste Gatte und Vater« - weiß aber: »Beständig breche ich die Ehe.«

Eine letzte Glückserfahrung war die Bekanntschaft mit dem Handwerker Ludwig, einem jungen Dänen, der, obwohl »als Geschlechtswesen normal«, ihm »in hingebender Freundschaft das höchste Glück der Liebe« schenken konnte, weil er »frei und unabhängig genug im Geiste« war, »meine Empfindungen, meinen Zustand zu begreifen«. Doch das Glück währte nicht lange. Ludwig mußte zurück nach Jütland, in seine Heimat; Franz sah sich wieder in der »düsteren Öde« seines Daseins.

Mit einer Befürchtung und einer Hoffnung endet sein Bericht: »Einsam und trauernd lebe ich nun wieder für mich hin und denke daran, welche Leiden mir wohl noch im Schoße der Zukunft zugedacht sind.« Und die Hoffnung: »Erlöst uns, nehmt uns die Fesseln ab: der Kultur wird es nicht zum Schaden, der Menschheit aber wird es zur Ehre gereichen.«

Es war wohl diese Hoffnung, die Franz Siedersleben veranlaßte, den Kontakt zu Magnus Hirschfeld zu suchen und ihm seine Lebensbeschreibung zur Verfügung zu stellen. Vielleicht haben sich die beiden sogar persönlich kennengelernt. Durch ein sehr persönliches Zeugnis ist die Bekanntschaft zu einem engen Mitstreiter Hirschfelds, dem Verleger Max Spohr belegt, der nicht nur Mitbegründer des von Hirschfeld 1897 initiierten »Wissenschaftlich-humanitären Komitees« war, sondern seine Aufgabe als Verleger vornehmlich darin sah, fortan »Bücher für das ›dritte Geschlecht‹« zu verlegen.* Max Spohr starb 1905. Er gehörte für Hirschfeld zu denen, »die den Glauben mancher Homosexueller, daß nur ein ähnlich Empfindender ihnen Gerechtigkeit wiederfahren lassen könne, Lügen strafte«. Von den »zahlreichen mündlichen und schriftlichen Äußerungen«, die ihn zum Tode Spohrs erreichten, zitiert er ausführlich das Schreiben eines »Leipziger Urnings«: Franz S(iedersleben).**

*) Mark LEHMSTEDT: Bücher für das »dritte Geschlecht«. Der Max Spohr Verlag in Leipzig. Verlagsgeschichte und Bibliographie (1881–1941) (Wiesbaden 2002).

**) Magnus HIRSCHFELD: Jahresbericht 1905–1906, in: Jahrbuch für sexuelle Zwischenstufen 8 (1906) S. 887–923, hier S. 896–897.

»Sehr verehrter Herr Doktor!

Es ist das Schicksal jeder großen Bewegung, die für Fortschritte menschlicher Kultur eintritt, daß ihre besten Söhne ihr zu früh entrissen werden; das sind die schmerzvollen Schlußgedanken, die in mir immer und immer wieder in Erinnerung an den Heimgang Max Spohrs aus trauerndem Herzen nachzittern.
Das Gefühl einer gewissen Erleichterung, das beim Hinscheiden dieses Mannes von allen denen empfunden wurde, die sein Leiden kannten und wußten, daß der Tod ihm nur ein Erlöser sein konnte aus unsäglichen physischen Qualen, ist doch ein gar armseliger Trost für den herben Schmerz des Verlustes eines der besten, den der Befreiungskampf der Homosexuellen zu verzeichnen hat.
Wer, wie Schreiber dieser Zeilen, das Glück hatte, mit diesem Manne persönlich verkehren zu dürfen, empfand so recht die außerordentliche Kraft seines persönlichen Einwirkens, diese schlichte Einfachheit eines immerwährenden, liebenswürdigen Interesses für all' die kleinen und großen Sorgen der Enterbten des Liebesglücks. Es lag in seiner Art eine gewisse bestimmte Selbstverständlichkeit, durchdrungen von dem Gefühl, daß man dem Homosexuellen und seinen menschlichen Tüchtigkeiten doppelte Achtung und Wertschätzung entgegenbringen müsse, da er eine ganze Welt gegen sich hat, die ihm diese Achtung verweigert. Im Verkehr mit diesem wahrhaft großen Charakter ist mir eins immer und immer wieder zum Bewußtsein gekommen.
Wie oft, wenn ich mich in dem düsteren Labyrinth

meiner zerklüfteten Seele selbst nicht mehr zurechtfand, wenn in diesem ungleichen Kampfe gegen das Hohngelächter unserer »Normalen« meine physischen Kräfte schier erlahmen wollten, wenn man bei diesen unsäglichen Wirrnissen an sich selbst irre werden wollte, trieb es mich zu diesem Manne, dort wußte ich, konnte man, und wars oft auch nur eine Stunde, wieder Mensch werden. Seinen schlichten, aufmunternden Worten, seinen freundschaftlichen Ratschlägen und tatkräftiger Unterstützung in allem, was zu tun notwendig war, und nicht zuletzt seinem oft eindringlichen und bestimmten Appell an die Notwendigkeit unserer Selbstachtung im Kampfe für unsere Menschwerdung, all' diesen seinen Bemühungen gelang es immer wieder, den Schwachen, den Verzagenden aufzurichten, ihm die Fröhlichkeit der Kampfbereitschaft für unser Recht wiederzuschenken. In seinem Tun lag immer die unzweideutige Anerkennung, daß »wir Wilde doch eigentlich bessere Menschen seien« als unsere Feinde. Und weil alles dies bei Max Spohr in so klarer Selbstverständlichkeit zum Ausdruck kam, deshalb wirkte es so überzeugungskräftig und so unendlich belebend auf die, denen es galt. In diesem Wirken kannte er auch kein Ansehen der Person, noch irgendwelche sog. gesellschaftlichen Unterschiede und Rücksichten, wie ich oft genug zu erfahren Gelegenheit hatte. Mich drängt es, im Angedenken dieses mir teueren Toten, der Überzeugung Ausdruck zu geben: Sie haben nicht nur einen guten Mann begraben, der manchem, wie auch mir, mehr als das gewesen; sondern in Max Spohr hat die gesamte Bewegung für die Befreiung der Homosexuellen einen jener Charaktere verloren, die für sie von so unschätzbarem Werte, leider in unserer Hochkultur moderner Übermenschen so überaus selten geworden sind.«

Das ist mehr als ein Beileidsschreiben. So wendet man sich wohl nur an jemanden, mit dem man sich sehr verbunden fühlt im Kampf für ein gemeinsames Ziel: die Befreiung der Homosexuellen von Vorurteilen und gesellschaftlicher Ächtung. Karl Frey weiß um eine (ungedruckte) Abhandlung, in der Franz Siedersleben den Versuch unternommen habe, »die Befreiung der Homosexuellen von den Fesseln des § 175 als einen Kampf darzustellen, der aus der sozialen Struktur der menschlichen Gesellschaft heraus kommen muß, in der er seine Wurzel hat«. Franz Siedersleben, berichtet Karl Frey weiter, war »von der Erfolglosigkeit der Petitionen an das Parlament ... überzeugt, weil den Verdammungsurteilen pfäffischer Unduldsamkeit mehr Glauben geschenkt werde, als der Stimme objektiver Forschungsergebnisse«. Sein Ziel: Der Druck auf Parlament und Regierung müsse »mit aller Energie« von der »Volksmasse« ausgehen. Dies bedinge jedoch, »daß die Volksmasse über die sexuelle Frage in allen Teilen Aufklärung erhält«.

*

Magnus Hirschfeld veröffentlichte die »Lebensgeschichte des urnischen Arbeiters Franz S.« im Jahr 1903. Im selben Jahr gab es noch einmal eine Wende im Leben des Franz Siedersleben: »Eine Arbeiterorganisation« hatte ihn »in eine Vertrauensstellung nach Leipzig berufen«, schreibt Karl Frey, der im Jahr darauf dort sein Kollege wurde:

»Und so teilte ich mit dem Kollegen ein Arbeitszimmer, einen Schreib- und Arbeitstisch.« Bei der »Arbeiterorganisation« handelte es sich um den »Arbeiter-Turnerbund«, der sich noch in seiner Aufbau- und Konsolidierungsphase befand. Nach Wegfall der diskriminierenden Sozialistengesetze hatten sich immer mehr Turnvereine von der Dachorganisation »Deutsche Turnerschaft« gelöst, weil diese ihrer Meinung nach im Laufe der Zeit ihre liberalen Grundsätze zu einer kaiser- und bismarcktreuen Haltung verengt hatte. Verschiedene lokale und regionale Entwicklungen wurden 1893 auf einem »Turntag« in Gera gebündelt und führten zur Konstituierung des »Arbeiter-Turnerbundes«, der bewußt die sozialdemokratische Politik unterstützen wollte. Das kam den Neigungen von Franz Siedersleben und seinem politischen Engagement sehr entgegen.

Leider fand diese Tätigkeit schon nach vier Jahren ein Ende – nach bekanntem Muster. Karl Frey berichtet von »Hausgenossen in Weiberkleidern«, die wissen wollten, daß Franz Siedersleben »im Besitze recht geheimnisvoller Bücher sei«, von Frauen, die einander »warmer Bruder« zuraunten. Schließlich wurde ihm von »dritter Seite ... in aller Form mitgeteilt, daß Franz Siedersleben sich mit jungen Männern abgebe, also homosexuell sei«. Die Situation spitzte sich immer weiter zu bis zu dem erwähnten »eisig kalten« Empfang beim Hauptvorstand, der Siederslebem »nach fünf Minuten« ebenso entließ. Karl Freys Resümee: »Ein Homosexueller, auf den man mit Fingern zeigte, an der Spitze einer Organisation, das läßt die öffentliche Meinung, die heutige Moralanschauung nicht zu. Um Jahre gealtert, völlig mutlos, verließ unser Kollege unter Tränen die ihm so lieb gewordene Arbeitsstätte, er mußte gehen, so verlangte es die Moral, Sitte und Ordnung.«

Den Mitarbeiter konnte man entlassen; sein Engagement aber hat deutliche Spuren hinterlassen, die aus der Geschichte des Arbeiter-Turnerbundes nicht gestrichen werden konnten: Franz Siedersleben war zu einer deutlichen Stimme des Arbeiter-Turnerbundes geworden. So erinnerte etwa die Deutsche Turnerschaft in einem Aufruf »An die deutschen Turner« an ihre Leitsätze: »Pflege deutschen Volksbewußtseins und vaterländische Gesinnung« unter Ausschluß »aller politischen Parteibestrebungen«. Demgegenüber sei das »wahre Ziel« des Arbeiter-Turnerbundes »die Förderung der Parteiziele und der Macht der Sozialdemokratie«. Dazu wurde der »Geschäftsführer des Arbeiterturnerbundes Siedersleben« zitiert, der im September 1906 in Köln gesagt hatte: »Wenn die deutschen Turner bei jeder Gelegenheit ihre patriotische Gesinnung beteuern, dann brauchen wir nicht zu verheimlichen, daß wir echte Sozialdemokraten sind!«*

Auch der Arbeiter-Turnerbund selbst konnte in Rückblicken auf seine Geschichte an der Leistung Siederslebens nicht vorbeigehen, mußte aber irgendwie die kurze Dauer der Zusammenarbeit erklären. So las man etwa in einem »Handbuch des Arbeiter-Turnerbundes« von

*) Beilage zum Amts- und Anzeigeblatt für den Bezirk des Amtsgerichts Eibenstock Nr. 9 (19. Januar) 1907.

1911 von Siederslebens »außergewöhnlichen rhetorischen Fähigkeiten« (»in dieser Hinsicht leistete er unübertreffliches«), doch dann heißt es: »So hätte aus dieser Wahl doch ein Segen für den Bund ersprießen können, wenn sich nicht später ein bedauerlicher Krankheitszustand des Gewählten herausgestellt hätte. Franz Siedersleben war homosexuell und ist fünf Jahre später dieser Krankheit durch Selbstmord zum Opfer gefallen, nachdem er ein Jahr vorher aus den Diensten des Bundes ausgeschieden war.«* Selbst in einem Buch über das »Wehrturnen« von 1925 wird Franz Siedersleben als »erster besoldeter Bundesbeamter« erwähnt mit der ergänzenden Information: »Nach vierjähriger Tätigkeit trat er aus seinem Dienst aus und schied unter dem dämonischen Zwang eines unheilbaren Leidens freiwillig aus dem Leben.«**

Innerhalb des Arbeiter-Turnerbundes hat Franz Siedersleben eine deutliche Spur hinterlassen. Der Bund hatte schon früh ein eigenes Liederbuch »Der freie Turner« herausgegeben; zu Siederslebens Aufgabe gehörte es, das Liederbuch zu überarbeiten. In seinem Vorwort gibt er genauestens Auskunft, wie er den Liederbestand durchforstet und ergänzt hat. Eingerahmt aber sind diese Sätze von einem politischen Credo zur gesellschaftspolitischen Ausrichtung des Bundes. Die »schönste Tugend unsres Turnervolkes« sei es, »sein gesamtes Fühlen und Denken

*) Handbuch des Arbeiter-Turnerbundes, hg. von Fritz Wildung (Leipzig 1911) S. 35.

**) Ernst Czerny: Das Wehrturnen (Wien [1925]) S. 35.

in Liedern zum Ausdruck zu bringen«. Die »Feinde« der »freien Turnsache« hätten »manchen haßerfüllten Seitenhieb gegen das ›rote Turnerliederbuch‹« versucht, aber damit nur gezeigt, daß der Arbeiter-Turnerbund »auf dem richtigen Wege war«.* Zu den Neuerungen gehörte, den Texten Noten einer Singstimme beizugeben. Das war bei jüngeren Vertonungen, die noch nicht gemeinfrei waren, zumeist nicht möglich, weil die Verleger ihre Zustimmung verweigerten. Siederslebens bissiger Kommentar: »Wir sehen, daß ... unsere Gegner dem freien Turner am liebsten auch noch das Singen der Melodien verbieten möchten, wenn es anginge. Nun, wir pfeifen auf die gespreizte Aufgeblasenheit dieser Herren und verzichten auf Protektion.«

Im Liederbuch machten die eigentlichen »Turner-Lieder« nur ein gutes Viertel des Bestandes aus; daneben gab es »Arbeiter-Lieder«, »Volks- und Wanderlieder« sowie »Trinklieder«. Unter den Arbeiter-Liedern findet sich beispielsweise der »Sozialistenmarsch« von J. J. Zapf (Nr. 82), der an programmatischer Deutlichkeit kaum zu überbieten war:

»Auf, Sozialisten, schließt die Reihen,
die Trommel ruft, die Banner wehn,
es gilt, die Arbeit zu befreien,

*) Vgl. Mark Colin ROSE: Striking a Discordant Note: Protest Song and Working-Class Political Culture in Germany, 1844–1933 (Diss. Southampton 2010) S. 151 (verfügbar unter https://eprints.soton.ac.uk).

es gilt der Freiheit Auferstehn!
Der Erde Glück, der Sonne Pracht,
des Geistes Licht, des Wissens Macht,
dem ganzen Volke sei's gegeben,
das ist das Ziel, was wir erstreben!
|: Das ist der Arbeit heilger Krieg,
mit uns das Volk, mit uns der Sieg! :|«

Bei der nächsten neubearbeiteten Auflage, die 1908 erschien, beschränkte sich das Vorwort, das nur noch mit »Der Verlag« unterzeichnet ist, auf technische Dinge; lediglich die Bezeichnung »Rotes Liederbuch« ist beibehalten und zeigt, daß der »haßerfüllte Seitenhieb« der »Gegner« inzwischen zur stolzen Selbstbezeichnung geworden war.

Siederslebens Vorwort ist wegen seiner Mischung von sachlicher Information und politischer Agitation in voller Länge in den Textanhang (oben S. 135–139) aufgenommen. Daneben stehen zwei Texte mit ähnlich deutlicher Akzentuierung. Seine Selbstbiographie zeigt, daß er durchaus schriftstellerisches Talent besaß; er selbst spricht zudem von einer »schon ziemlich früh erwachten Vorliebe für dramatische Kunst« und nimmt für sich »ein bescheidenes Talent in derselben« in Anspruch (»in Dilettantenvereinen übte ich mit großer Hingabe meine kleinen Fähigkeiten«). Daß er nicht nur gespielt, sondern »eine Reihe schöner Dichtungen und Theaterstücke« verfaßt hat, bezeugt Karl Frey und listet einige am Ende seiner Ausführungen auf. Nicht alle Titel sind heute noch nachweisbar, und bei den kurzen Theaterstücken ist Siedersleben hier und da nicht als Autor, sondern nur als

Ideengeber genannt, z.B. bei »Das rote Gespenst. Schauspiel in einem Akt aus dem Wahlkampf (mit Benutzung einer Idee von Franz Siedersleben)« von Felix Renker. Gerne wüßte man, ob der angekündigte »Turntag bei Deutschens« tatsächlich erschienen ist, deutet der Titel doch darauf hin, daß Siedersleben auch über eine Portion Selbstironie verfügt haben mag.

Seinen Kindern Wally und Ida hat Franz Siedersleben die »Weihnachtsallegorie« »Der Proletarier-Kinder Weihnachtstraum« gewidmet. Sehr weihnachtlich geht es in diesem kleinen Singspiel nicht zu. Hans und Gretel warten auf die Rückkehr der Mutter, die einen Weihnachtsbaum mitbringen will. Als es klopft, steht ein Bettler vor ihnen, der »um ein bischen Wärme, ein Stückchen Brot« bittet. Gretel ist gerne bereit, ihm ein Stück vom Vesperbrot zu geben, hat sie doch von der Mutter gelernt, »Es gäb viel Menschen auf Erden hier, / Die noch viel ärmer sind als wir«. Hans trägt ein langes Gedicht über Menschenliebe vor, das der verstorbene Vater ihn gelehrt hat. Es endet mit dem jugendlichen Versprechen: »O wär ich stark erst, wär ich groß, / Wie wollt ich wacker streiten, / Daß bald die Armut nackt und bloß, / Nicht Not mehr sollte leiden.« Die Szene wird ins Symbolische überhöht, wenn die Inkarnation des Rechts und der Genius der Freiheit auftreten, der in seinen Schlußversen seine Hoffnung ganz auf die Jugend setzt: »Ich aber will der Jugend Traum umschweben, / Umschweben dieser Kerzen Silberschein. / Will in des Volkes Herzen glühend leben, / Ein rechter Genius der Freiheit sein, / Bis einst der morschen

Zeiten jähes Ende, / Die erste Sonnenwend der Freiheit fände!«

Nicht in Freys Liste enthalten ist das Stück »Gewalt geht vor Recht oder: Der Fahne treu«, wo Siedersleben ausdrücklich als Autor genannt ist, sich bei der Bühnenbearbeitung aber von Paul G. Schanzer helfen ließ. In seiner Studie über »Frühe sozialdemokratische und sozialistische Arbeiterdramatik« geht Dietmar Trempenau, der über den Autor Franz Siedersleben keine Angaben ermitteln konnte, auf dieses Stück sehr ausführlich ein. Er sieht darin ein Beispiel für »Aktivismus und Fortschrittsgläubigkeit: Vertrauen in die Geschichte«. Das kurze Stück trete dem »herrschenden System« »auf ökonomischer, kultureller wie politischer Ebene ›radikal‹-kämpferisch« entgegen und kläre über die »Staatsgewalt« auf, schreibt Trempenau.* Es ist kein »Lebensbild«, wie der Untertitel verspricht, sondern eine Art Momentaufnahme, die ein Bündel von sozialen Problemen zur Sprache bringt. Die Grundsituation: ein Streik der Arbeiter, der eine Firma lahm legt und letztlich zwingt, ihre Forderungen zu erfüllen, um weiter ihren Lieferverpflichtungen nachkommen zu können. Der Erfolg ist möglich durch die geschlossene Haltung der Arbeiterschaft. Auf die Gesellschaft übertragen, heißt das, die sozialistische Bewegung muß versuchen, alle Arbeiter zu überzeugen: »Hätten wir

*) Dietmar TREMPENAU: Frühe sozialdemokratische und sozialistische Arbeiterdramatik (1890 bis 1914) (Stuttgart 1979) S. 117–119.

sie alle auf unserer Seite, so wäre nach leichtem Kampf der Sieg unser.« Auch der arbeitslose Bruno Großmann hätte in der Firma Arbeit finden können, wenn er sich ausdrücklich von der Arbeiterbewegung losgesagt hätte. Durch den Verkauf einiger Broschüren verdient er sich ein paar Mark, ruft damit aber auch den Staat auf den Plan. Wegen des Verdachts auf Verbreitung verbotener Schriften wird er kurzfristig verhaftet, und auch das Fehlen eines Gewerbescheins bleibt nicht ohne Folgen. Den jungen Fritz, der sich derweil mit einer unsinnigen Strafarbeit abmüht und eine Lesebuchgeschichte über den »Lumpenkaiser« Napoleon auswendig lernen muß, bringt das Schicksal der Eltern zu dem Entschluß, selbst ein Sozialdemokrat zu werden. Der Vater ist stolz auf ihn: »Wir wollen streben, das unterdrückte, schaffende Volk auf die Höhe zu bringen, die ihm gebührt. Unser ist die Jugend, unser die Zukunft!«

Wolfram Setz